광야의 선물

요르단 이스라엘 방문기

광야의 선물

요르단 이스라엘 방문기

초판 1쇄 인쇄 2020년 5월 4일
초판 1쇄 발행 2020년 5월 8일

지은이 박연철

펴낸이 강정규
펴낸곳 시와 동화

등록번호 제2014-000004호
등록일자 2012년 6월 21일

주소 경기도 부천시 소사구 성주로 86-4, 104동 402호(송내동 현대아파트)
전화 032-668-8521
이메일 kangjk41@hanmail.net

ISBN 978-89-98378-35-6 03230

광야의 선물

요르단 이스라엘 방문기

2019년 1월 7일- 1월 16일 사이

대한예수교 장로회 용천노회

들꽃교회 집사 박 연 철

경기 양평군 서종면 문호리 소재

시와 동화

어머님, 누님, 아내에게 바치려 한다. 또한 세 딸들과, 그리고 나의 형제자매들, 조카들, 지인들과 나누려 한다.

이것은 나의 작은 기록일 뿐이나, 나의 가장 소중한 기록중의 하나로서 남기고 싶다. 일행들이 모두 보고 들은 것과 합칠 수 있으면 더욱 정확하고 풍부한 기록이 될 것이지만, 그럴 시간을 얻지는 못하였다.

이 기록을 노환상 담임목사님, 유희선 부목사님께 올리며, 아울러 함께 순례한 일행 및 들꽃교회 교인들과 함께 나누기를 희망한다.

목 차

I. 글머리에 10

II. 일행, 안내자, 일정 13

1. 일행 13

* 들꽃교회 13
* 합류자 13

2. 안내자 (안내 및 해설) 13

* 이은미 13
* 한희철 14
* 이범수 14

3. 순례 및 여행일정 15

III. 일반사항 22

* 지형,지질,기후 22

* 국경(6일 전쟁) 24

* 유대광야 30

* 갈릴리는 바다인가, 호수인가 33

* 출입국 36

* 헤롯왕 37

* 단 지역 39

* 골란고원 41

* 농업 41

* 인구 42

IV. 본기 순례기(本記 巡禮記) 43

1. 머리말 43

2. 갈릴리지역 등에서 45

* 주 예수 그리스도님 태어나신 곳, 베들레헴 45

* 목자들의 들판교회 48

* 자라나신 곳, 나사렛 49

* 가나의 혼인잔치교회 50

* 타브가(TABGHA) 지역 50

* 오병이어(五餠二魚) 교회 54

* 고라신 59

* 티베랴, 막달라 62

* 여리고 63

* 시험산 64

3. 예루살렘에서 66

* 들어가면서 66

* 다윗성의 발굴 67

* 서쪽 벽(통곡의 벽) 69

* 히스기야동굴과 터널 71

* 기드온 연못 72

* 기드론 골짜기 73

* 올리브산 74

* 예루살렘에서의 예배 77

* Via Dolorosa (수난의 길) 78

* 마가의 다락방 82

4. 주 예수 그리스도와 함께   84

* 세례 요한   84
* 예수님이 세례받으신 곳(제5일 째)   84
* 마음속 고백문   85
* 사도바울 - 가이사랴 궁, 접견장소(행25:23)   90

5. 주 예수 그리스도 이전   91

* 선지자 모세   91
* 므리바   91
* 느보산   95
* 선지자 엘리야   100
* 텔 므깃도에서   103
* 가이사랴 빌립보, 단 지역   104

6. 주 예수 그리스도 이후   106

* 맛사다   106
* 쿰란   114
* 마다바, 성 죠지교회   119

* 아르논 골짜기   120

* 성 죠지교회   121

* 헬레나   123

V. 여행기   125

1. 두바이   125

* 페트라 가는 길   128

* 가이사랴 빌립보   137

* 사해에서의 수영, 칼리아비치(Kaliabeach)   140

2. 낙수(落穗)   141

* 돌아온 지팡이   141

* 일행들   142

* 이스라엘, 스타트업 네이션   144

* 이스라엘 사람들의 삶   145

* 여행지에서 맞이한 생일   148

VI. 글을 마치며   149

I. 글머리에

감히 성지를 순례(巡禮)했다고 말할 수는 없을 것입니다. 열흘도 안되는 짧은 기간 동안에 요르단, 이스라엘 등 중동지역을 돌아 보고 온 주마간산격의 방문이었을 뿐입니다. 비록 여행의 명칭이 성지순례였고, 제 마음속으로도, 성지를 다녀 온다는 경건함으로 준비하고 있었다고는 하지만, 보고 느낀 내용이 너무나 부족하기 때문에, 성지순례라는 표제어는 피하기로 하였습니다. 제목을 단지 '요르단 이스라엘 방문기'로 한 연유입니다.

여행을 다녀 오자 마자, 여행 기간에 메모하여 둔 것을 토대로, 제1차 초안을 작성해 보았습니다. 성지순례를 다녀 온 이후 곧 만나 뵙는 지인들에게 무슨 드릴 말씀이 있게 하기 위하여 서둘러서 2-3일 만에 작성한 것입니다. 빠진 것도 많고 오자도 오류도 많았습니다.

2, 3 일 밖에 지나지 않았는데, 벌써 어느 날 어디를 돌아 보았는지 아슴아슴하기도 하였습니다. 주님에 관한 모든 것, 선지자 모세, 엘리야, 세례 요한, 그리고 쿰란에 관한 것 등은 가능한 한 자세히 기록하여 볼 생각이었습니다.

제7, 8, 9일 일정이 석연치 않았습니다. 므깃도와 갈멜산, 가이사랴 등지를 언제 다녀 왔는지, 예루살렘에서의 일정의 순서가 어떠했는지 뒤섞이고 만 듯합니다. 조식, 석식은 호텔에서 하였고, 점심식사는 현지식이 많았는데, 갈멜산 부근, 예루살렘 방문 시에 점심식사를 어디서 어떻게 하였는지도 생각이 나지 않습니다.

며칠 안에 가장 선명한 인상이 사라지기 전에 서술체계를 구상을 하고, 시간을 두고 메꾸어 나갈 계획을 세웠던 것입니다. 급히 쓴 초안은 저의 여행에 관심을 갖는 몇몇 분에게만 드렸습니다. 그런데, 들꽃교회의 최명환 집사님(퇴임하신 국문학 교수님)은 글쓰기에 관한 구체적인 조언을 해주셔서, 그 충언(衷言)이 이 기록에 반영될 수 있도록 힘쓰면서 작성해 보려 하였습니다. 평소 길들여진 문투가 있어서 최교수의 말씀을 따라 정리하기는 쉽지 않았습니다.

1개월쯤 시간을 가지면 어느 정도 모양을 갖출 것으로 생각하였는데, 다시 1개월을 더 미루었습니다. 세속의 복잡한 생활로 돌아 오면 소중한 여행조차 반추할 시간이 없습니다. 사진도 첨부할 수 있을 것이라 생각하였는데, 휴대폰의 사진을 이 글 속에 옮겨 놓기 위하여서는 다른 사람의 도움을 받아야 합니다. 제 스스로는 못하기 때문입니다. 그리고 난 후 6개월쯤 퇴고를 하면 일단의 완성을 기할 수 있을 것이고, 그 때에 최종적인 근정(謹呈)을 할 수 있으리라 생각했습니다.

　위와 같은 계획도 뜻대로 이루어지지 않았고 11월이 지나가고 있습니다. 저를 평상시에 격려해 주시는 강인근 (서전로지텍 회장) 님이 이 여행기를 완성하면 출판비를 지원하겠다고 몇 차례 말씀하시면서 언제 탈고하느냐고 계속 관심을 보였습니다. 올 한 해는 요르단 이스라엘을 방문함으로써 시작하였는데, 올해의 마지막은 그 여행기를 마무리하면서 보내야 하겠다는 다짐을 하면서 미진한 부분들을 보완해 보았습니다.
　일몰제를 적용하여 11월 말일까지만 보완을 하고, 나머지는 부족한 대로 잘못된 대로 남겨 놓으려 합니다.

II 일행, 안내자, 일정

1. 일행

들꽃교회

담임목사님과 그의 누님, 누이들 (노환상 목사님, 노점이 누님, 노은미 권사, 노상순 권사), 김용휘 장로 - 이광순 권사 내외분, 이호섭 집사 - 고명순 권사 내외분, 김길수 집사, 박연철 집사(필자)

합류자

강대일- 김영선 내외 (부산), 박학철(1946년생)- 최상규 내외 (부산)
유혁- 최승연 내외 (인천 예인교회)
(이상 16명)

2. 안내자 (안내 및 해설)

이은미 (두바이), 여

여행안내자로 두바이에서 근무, 미혼
여행사에서 배려하여 현지 숙식 해결

한희철(요르단, 1964년생)

누님의 가정이 요르단에서 산다고 함, 한국과 요르단을 오가면서 안내 및 해설사로 근무. 매우 연구적임. 이스라엘로 넘어갈 때 누님이 담근 김치를 많이 주어서 잘 먹었음. 울릉도 태생, 그러나, 학업은 대구에서.

이범수 (이스라엘, 38세, 이스라엘 국립 바르일란 대학에서 성서 배경사 등 분야 학위과정)

19세 대학 때에 이스라엘에 유학, 형사학을 공부하였으며 지금은 성서배경사 학위과정. 석사학위 논문은 작성한 듯. 19년 체류하였기에 이스라엘 사정은 해박함. 시종 진지하고 민첩하게 안내 및 해설을 하였음. 기혼. 여행자(순례자)들이 자기에게 들은 내용을 계속 기억하기를 기대하지는 않으나 자신의 안내와 설명을 그 자리에서라도 이해 하도록 힘써 달라고 부탁. 성경 중 관련 부분을 찾아서 낭독하여 들려 준 적이 많았음.

 * 이 (여행 및 순례) 기록 내용의 주된 제보자는 안내 및 해설을

맡은 위의 사람들이다. 안내자들의 설명이 가장 정확하고 충분하다고 할 수도 없고, 그들의 말을 필자가 제대로 다 잘 알아듣지도 못한 경우가 많아 중첩된 오류가 무척 많을 줄 안다. 그렇지만, 이 방문기는 일단은 그들의 해설을 중심으로 기록하고, 다른 문헌들에 의하여 더 자세하고 정확하게 확인한 내용은 각주로 기록하는 것이 어떨까 했으나 여의치 않았다. 나는 그곳을 걷고 보고 듣고 느낀 것들과 그곳에서 받은 감동과 영감을 더하여 기록하였을 뿐이다.

3. 순례 및 여행 일정 (시각은 현지시각)

제1일 (1월 7일, 월)

인천 출발 (10:30, KE 951)
두바이 도착 (18:30. 현지시각)
두바이 (쇼핑몰, 분수쇼, 수족관, 실내폭포) 관람
버즈 칼리파 빌딩은 외관만.

숙소 : 힐튼 호텔

제2일 (1월 8일, 화)

두바이 사르자 공항 출발 (08:10)

요르단 암만 공항 도착 (09:35)

- 느보산(모세기념교회)

- 마다바 (성 죠지교회)

- 마케루스 요새

- 아르논 골짜기, 심한 바람, 댐 시설

숙소: 올리브 호텔 (암만)

제3일 (1월 9일, 수)

-프리바 샘 (Wadi Mousa)

-페트라 (왕복 교통시간만 6-7 시간) (나바테아 왕국)

숙소: 올리브 호텔 (암만)

제4일 (1월 10일, 목)

암만 출발 (버스 편)

이스라엘 입국 (알렌비 국경, 후세인 왕 다리)
- 맛사다 (이스라엘 국립공원) / 쇼핑
- 엔게디 골짜기 멀리 바라 봄
- 쿰란
- 사(염)해 수영

숙소: 오아시스 호텔 (여리고, 아랍계 호텔, 아랍계이기는 하나 호텔 로
비의 바닥에는 이스라엘에 속하였음을 나타내는 다윗의 별 문양이 있다.)

제5일 (1월 11일, 금, 이스라엘 안식일 시작 저녁)

여리고 출발
- 삭개오가 올라 간(것과 같은) 돌무화과나무 (뽕나무)
- 시험산 / 쇼핑 (대추야자, 무화과)
- 세례터

갈릴리 지역으로 이동

- 고라신 (공회/ 가시관나무)

- 베드로 수위권교회 (Peter Primacy)/ 베드로 장모집

- 오병이어 교회

- 가버나움 (Jesus Town) (공회)

- 팔복 교회

숙소 : 레오나르도 호텔 (티베랴)

제6일 (1월 12일, 토, 이스라엘 안식일)

단 지역 (단 숲/ 물 근원)

-여로보암 산당

- 골란 고원, 헐몬산

-바니아스 계곡, 폭포

-갈멜산, 엘리야

-가이사랴 빌립보

- 판신, 아우구스투스 신격화

- (베드로의 고백)

- 사도 바울 갇혔던 곳, 총독의 접견장

(텔) 므깃도

갈릴리 바다 (선상 순례)

숙소: 레오나르도 호텔

제7일 (1월 13일, 일)

오전
- 가나, 혼인잔치교회
- 나사렛 (수태고지, 요셉의 집)
중식 현지식
텔 아비브 경유하여 예루살렘으로
- 예루살렘 성
- 마가의 다락방 (최후의 만찬)

숙소 : Grand Court Hotel (예루살렘)

제 8 일 (1월 14일, 월)

- 올리브산
- 승천교회
- 주기도문교회
- 겟세마네교회
- 베들레헴
- 예루살렘 성 (다윗, 솔로몬, 히스기야, 슐레이만)
- 서쪽 벽 (통곡의 벽)
- 다윗성 발굴터
- 히스기야 터널
- 기드온 샘

숙소: Grand Court Hotel (예루살렘)

제 9 일 (1월 15일, 화)

오전
-올리브산
-전망대

중식 (베들레헴쪽 양고기집, 양갈비구이, 1인당 10불)

오후

- 세례요한 출생지 (Ein Kerem)

- 마리아와 엘리사벳이 만난 곳

-욥바 (저녁, 중국식 17:30)

-텔아비브 (벤구리온) 공항 출발 (KE958)

제 10일 (1월 16일, 수)

-인천 공항 도착 (14:50)

III. 일반사항

지형, 지질, 기후

중동 지방에 대하여는 사막, 광야를 먼저 떠 올린다. 틀린 말은 아닐 것이다. 황무지 밖에 보이지 않는 곳이 많았고, 바람이 쉴 새 없이 불어 흙먼지가 날렸다. 먼지를 뒤집어 쓰지 않은 자동차를 보기가 어려웠다.

요르단과 이스라엘은 대부분이 사암층이고, 돌이 곳곳에 널려 있는 산지(山地)이고 자연동굴이 눈에 뜨이게 많은 곳이다. 그러니 고대에서 중근대에 이르기까지 집을 따로 짓지 않고 동굴을 이용하여 기거한 이들이 많았을 것 같다.

그런데, 사해(염해) 주변지역과 이스라엘의 중북부 지역 (브엘세바에서 단 지역까지) 는 산지(山地)도 분지(盆地)도 푸르른 들판이었고, 우기(雨期)인 동절기라 때때로 비가 내리고 바람이 불면 음습하게 느껴지기도 하였으나, 날이 개이면 화창한 봄날이거나 선선한 가을쯤으로 여겨졌다.

느보산과 갈멜산에서는 강한 바람이 불어 와 몸을 가누기 힘이 들 정도였으나, 갈릴리 지역, 단 지역에서는 봄날 같은 따스함이 느껴졌다. 단지역은 이스라엘 전 지역의 물의 근원이 있고, 숲이 우거진 삼림이어서, 안식일을 맞이하여 가족단위로 소풍을 나온 이들이 많아 매우 즐거운 날이었다.

멀리 보이는 (우리 백두산보다 더 높은 해발 2,814 m) 헐몬산에는 하얗게 눈이 쌓여 맑은 햇빛에 영험하게 빛나고, 단 근원에서 빠르게 흘러 내리는 요단강 상류는 숲속에서 세찬 물소리를 내며 흘러 가고 있었다. 폭은 넓지 않지만 유속이 빠르고 1년에 약 2억5천만 톤이 흘러 내린다고 한다. (어느 정도의 규모인지 짐작은 하지 못하지만)

순례의 초기에는 느보산과 아르논 골짜기에서 황무지, 바람, 흙 먼지 등 수행자가 은거할 수 있는 외로운 곳이라는 인식이 강하였으나, 단 지역을 돌아 보면서는 차츰, 이곳을 젖과 꿀이 흐르는 약속의 땅이라 할 수 있겠구나 하는 생각이 들었다.

이스라엘 지역을 다니는 내내 멀리 요르단의 산지가 갈릴리바다, 사해 너머 계속 보였다. 요르단의 연맥(聯脈)은 1년 중 100일 정도 볼 수 있다는데 우리는 여행기간 동안 계속 볼 수 있었다. 사해 북쪽 어딘가에는 느보산도 있을 것이었다.

국경 (6일 전쟁)

이에 관하여는 매스콤 수준으로 밖에 알지 못하고 있어서 문헌을 확인하여 보아야 하겠다.

이 전쟁은 우리도 그 당시에 들었으며, 이 전격적인 전쟁으로 이스라엘 국방장관 모세 다얀은 현대 이스라엘의 영웅이 되었으며 나세르 이집트 대통령은 패전책임으로 끝내 하야(下野)하였다. 그 전쟁의 결과 어떠한 협정을 맺었는지는 기록과 문헌을 통하여 상세하게 알아 보아야 할 필요를 느낀다. 다음은 대충 정리한 것이다.

이스라엘과 요르단은 대체로 요단강을 경계로 하고 사해(염해) 바다의 중간을 경계로 하였으며, 거기에서 홍해 북쪽까지를 이은 선으로 생각된다. 그렇지만 6일전쟁 전에는 남부도 요르단 지역이었다.

1967년 6월, 이스라엘이 과감한 공군 대작전을 전개하여 이집트 카이로에 배치된 이집트의 공군전력, 시리아, 요르단, 이라크 등 아랍측 공군전력을 순식간에 궤멸시키고, 시나이반도 점령, 요르단강 서안지역, 및, 시리아국경의 골란고원을 공략하였다. 유엔 안전보장이사회의 결의에 따라 6일만에 정전(停戰)이 이루어진 신

생국 이스라엘의 대승리의 기록으로 우리의 뇌리에 각인되어 있다. 그로 인하여 이스라엘의 국제적 신망은 크게 추락했으나, 우리들에게는 여호와 하나님을 섬기는 믿음의 나라의 기이한 능력을 경탄하는 마음이 없지 않았다. 6일 전쟁 시에 이스라엘이 갈릴리바다 북동쪽 골란고원을 점령하여 그 후 영토로 굳혀 나감으로써 그 이후 그 지역 시리아와 요르단과의 경계선이 변경되었다 한다. 갈릴리 바다 동쪽 거라사 지역도 그 때에 편입된 듯하다.

같은 때에 요르단이 차지하던 브엘세바 아래쪽 땅도 이스라엘에게 넘겨 주지 않을 수 없었다 한다. 이집트와는 시나이 반도의 지배권이 요동하였다.

요르단과의 경계선에는 갈릴리바다와 염해 사이에 국경을 통과할 수 있도록 갈릴리 쪽에 한 군데, 염해 쪽에 한 군데 열려 있다. 우리는 염해쪽 알렌비 (후세인왕 다리) 국경을 넘어 왔다. 알렌비는 6일전쟁을 승리로 이끈 이스라엘 장군이라 한다. 후세인 왕 다리는 요단강 위를 지나는데 아주 짧아 나는 언제 지났는지조차 알지 못하였다. 김용휘 장로님 보기에는 길이가 70미터 정도라 한다.

이스라엘로 들어오는 이들을 환영하는 표지

성경에서는, 아브람이 하란에서 가나안 땅으로 이주할 때,
**"여호와께서 아브람에게 이르시되 너는 너의 고향과 친척과 아버지의
집을 떠나 내가 네게 보여 줄 땅으로 가라. 내가 너로 큰 민족을 이루
고……." (창세기 12장 1, 2 절)** 라고 말씀하신 이 명령에 따라 아브람
이 가나안 땅으로 들어 가 '세겜 땅 모레 상수리 나무'에 이르러 거
주 하였고, 벧엘, 아이 지역'을 거쳐 점점 남방으로 옮겨 갔다' 고
하였다. 그 지역은 산지인 것 같으나 위도상 푸른 초장으로 변모
하는 지역인 것 같다. '내가 네게 보여 줄 땅'에 푸른 초장이 형성
되는 땅임은 틀림없다.

1월의 푸른 초장

　(가나안 땅 정탐을 다녀 온 이들이) "**모세에게 말하여 이르되 당신이 우리를 보낸 땅에 간즉 과연 그 땅에 젖과 꿀이 흐르는데 이것은 그 땅의 과일이니이다 그러나 그 땅의 거주민은 강하고……**. (민수기 13:27, 28) 라 하였고, 다윗의 시편 중 "**여호와는 나의 목자시니 내게 부족함이 없으리로다. 그가 나를 푸른 풀밭에 누이시며 쉴만한 물가로 인도하시는도다.**"(시편 23편 1, 2절) 라 하였다.

　정탐대원들이 헤브론, 에스골 골짜기에 이르러 포도송이가 달린 가지를 베고, 석류와 무화과를 따서 가져 왔으니 그들은 젖과 꿀이 흐르는 땅을 목도하고 왔던 것이다.

　다윗은 '유다 베들레헴 에브랏 사람 이새의 막내 아들'이었고 (사무엘 상 17:12), '베들레헴에서 그의 아버지의 양을 쳤으므로' 푸른 초장을 이루는 비옥한 땅에서 살았다 할 수 있다. 다윗이 사울에게 쫓겨 '십' 광야에서 '엔게디' 요새로 피하였는데(사무엘 상 23장 29절) , 맛사다에서 염해 왼쪽을 따라 올라 오는 길의 왼쪽으로 골짜기 진 곳이 엔게디 라 하였다. 다윗은 양을 치면서 베들레헴 남쪽인 이곳까지도 내려 왔으므로 그 지역을 잘 알고 있었을 것이라 한다.

브엘세바 이북 지역은 대부분 이 계절에 푸른 초장을 이루는 것 같았다. 우리 계절로는 겨울이고, 이스라엘은 겨울 우기(雨期)라 하는데, 초장은 푸르름으로 덮이고, 간간히 닥치는 추위에도 여기 저기 장미꽃 등 꽃이 피어 있었으며, 오렌지 나무에는 오렌지가 주렁주렁 열려 있고, 대추야자 나무 (성경에서 종려나무 라 부름) 는 우리가 가기 얼마 전에 수확하여 열매들이 상품으로 시장에 쏟아져 나와 있었다. 소, 양, 염소들은 그야말로 풍성하고 푸른 초장에서 한가로이 풀을 뜯고 되새김을 하고 있었고, 어미소들과 송아지들이 함께 풀밭에 앉아 있는 모습은 무척 평화로웠다,. 소들은 마음이 편하지 않으면 저렇게 앉아 있지 않는다고 한다.

푸른 초장의 아름다움이여 풍요함이여 그곳에 피어난 노란 겨
자꽃 무리여.

(성경에서 이 꽃을 어떻게 부르는지 아직 확인하지는 못하였다. 주님
이 우리에게 겨자씨만한 믿음이 있으면…… 이라고 하셨을 때 바로 이
꽃의 열매인 씨를 말하는 것이었나 확인하여 볼 일) 2월에는 초장에 노
란 꽃이 만발한다고 한다. (2월에 피는 꽃도 바로 이 꽃인지는 확실하
지 않다.)

유대광야

예수님이 성령에 이끌려 나가신 광야 (막1:12, 마 4:1, 눅 4:1).

여리고 부근 시험산, 요르단의 광야, 마다바 지역, 맛사다, 엔게 디지역…… 은 모두 광야였다.

광야 또는 황야. 유대인들이 어느 지역의 어떠한 상태의 지형을 광야라고 불렀는지 더 알아 보아야 하겠다. 내 나름으로는 흙바람이 불어 오는 메마른 땅, 사람도 짐승도 살기 어렵고, 풀과 나무도 자라나지 않는 쓸쓸한 곳을 연상한다. 성경에서는, '**누가 폭우를 위하여 길을 내었으며, 우레의 번개길을 내었으며, 사람 없는 땅에, 사람없는 광야에 비를 내리고** (욥 38:26) '**그 때에 세례 요한이 이르러 유대 광야에서 전파하여 이르되** (마3:1) '**그 때에 예수께서 성령에게 이끌리어 마귀에게 시험을 받으러 광야에 가사**'(마4:1) '**성령이 곧 예수를 광야로 몰아 내신지라**'(막 1:12) '**예수께서 성령의 충만함을 입어 요단 강에서 돌아 오사 광야에서 사십일 동안 성령에게 이끌리시며**' (눅 4:1), '**사울이 블레셋 사람을 쫓다가 돌아 오매 혹이 그에게 고하여 가로되 보소서 다윗이 엔게디 황무지에 있더이다**' (삼상 24:1) 하였다.

나는 인간이 살지도 다니지도 않는 광야에도 홀로 비를 내리시는 여호와 하나님을 생각하며 광야의 의의를 자문해 보는 때가 종종 있다 (욥 38:26). 이번 여행길에 요르단에서 처음 만난 곳은 '광야'라고 할 수 있다. 우리가 마다바를 떠나 아르논 골짜기 쪽으로 가는 길에서이다. 민둥한 봉우리들로 굴곡진 지형이었다. 땅에는 아주 작은 관목들이 듬성듬성 자라나 있었다. 대낮인데 구름이 덮여 사방이 어둑하고 바람은 드세게 불었다. 골짜기의 물도 말라 있었다. 어디선가 양들의 울음소리가 들려 왔는데 그 위치를 가늠하기 어려웠다. 그토록 황량한 곳이었는데 몸을 피할 만한 크고 작은 굴들은 곳곳에 있었다. 가로로 제법 크게 뚫려 있는 굴에 양들을 몰아 넣고 그 입구 쪽을 지키는 이들, 목동들이 차를 세워 놓고 있었다. 이런 곳에서 양들이 뜯어 먹을 만한 것이 무엇이길래 여기에서 생존을 지속하고 있는 것일까.

모세가 느보 산에 올라 여리고 맞은 편 비스가 산꼭대기에 이르렀을 때 여호와께서 길르앗 온 땅을 단까지 보이셨다(신34:1) 하였는데, 우리도 그 지점에서 사방에 펼쳐진 넓은 황야를 보았다. 다윗이 피신하였던 엔게디 황무지 곁을 몇번 지나 다니면서 그 지역도 대강 바라 볼 수 있었다.

그리고, 예수님이 성령에 이끌리어 나가셨던 그 시험산의 광야에서는 찬찬히 그곳을 살펴 볼 수 있었다. 세례 요한이 기거하고 말씀을 전하던 광야도 그와 같은 곳이었을 것이다. 지도를 보면 갈릴리와 사해를 둘러싼 중동지방의 대부분은 광야라고 불리도 무방할 것 같다.

사질토, 흙바람, 크고 작은 돌들이 널려 있고, 그저 생존하는 식물인 작은 관목들, 가시가 돋친 풀잎, 목마름, 배고픔, 쓸쓸함이 가득 배인 곳. 이런 곳에서 하루 이틀도 '생존'해 보지 못한 나로서는 두렵기만 하다. 그런데 여호와 하나님은 그가 사랑하시는 이들을 광야로 불러내시고 시험도 하시고 기도를 드리게 하셨다. 광야를 피하여 푸른 초장에서만 경배하려 할 것이 아니라 언젠가는 수시로 광야를 찾아가야 하고, 우리들 삶의 여정을 끝도 없는 광야를 헤쳐 나가야 하는 것으로 받아들여야 할 것이다.

성령에 이끌리어 나아갈 때 크고 높으신 하나님의 영을 뵈오며 경건하여질 수 있는 곳…… 그곳을 광야라고 생각하고 싶다.

갈릴리는 바다인가 호수인가

　갈릴리는 둘레 거리가 약 80 킬로 미터, 상당히 넓다. 예전보다 물이 많이 줄었다고 한다. 민물이냐 짠물이냐로 구분하면 단 지역에서 흘러 들어오는 물의 양이 압도적이어서 민물임을 유지하고 있으나 수심 깊은 곳은 염분도 축적되어 있으니 바다로서의 성분도 있다는 주장이 있다고 한다. 면적이 넓어 바닷물처럼 파도가 친다.

　주님이 갈릴리 바다를 건넜다 라고 하는 것은, 바다의 가운데를 건넌 것이 아니라 갈리리 수변의 마을에서 마을로 건넜다는 의미라고 한다. 티베랴에서 겐네사렛(지도상으로 약 7km 거리) 으로 건너는 것과 같다. (갈릴리 호수 연안 곧) 호안(湖岸)에서 인근 호안으로 옮긴 것이다. 갈릴리는 대체로 바다라고 불리우는데, 티베랴 부근에서는 티베랴 바다, 긴네렛 부근에서는 긴네렛 바다, 게네사렛 부근에서는 게네사렛 바다라고 불리운다. 갈릴리는 바다로서 보다도 나사렛, 가나, 마가단 등이 속한 갈릴리지역을 지칭하는 경우가 많다고 한다.

내가 생각하기에는, 갈릴리 바다는 멀리서 바라 보면 호수와 같고, 가까이서 또는 물 위에서 보면 너무 넓어 바다같이 여겨지는 것이었다. 나는 때로는 바다라 부르고 때로는 호수라 부르도록 하겠다.

그 주변 마을들은 주님이 주로 공생애 활동을 하시던 곳이고, 가버나움은 지금의 안내 표지에서조차 '예수님 마을 (Jesus Town)' 이라고 표시하고 있어서, 그곳에서는 "아, 예수님!" 이라는 탄성이 저절로 나오는 지역이다.

갈릴리 바다의 관광선에서는 승객의 나라에 따라 국기를 게양해 준다.

　갈릴리　호수에서 배를 타고 호수 한 바퀴 돌아 보는 것은 이 여행의 백미중의 하나이다. 타브가 지역에 머무는 동안 호수는 바로 가까이서 물결치고 있었다. 호수 너머에는 요르단 산지가 길게 보인다. 게네사렛 선착장에서 승선하였다. 이 배를 탄 이들에게는 승선확인서를 발급하여 주며, 거기에는, " 아무개는 예수시대의 모형선에 올라 기도하였습니다"(This is to certify that (someone) sailed and prayed on a replica of this " Jesus Boat") 라 씌어져 있다. 나는, 등에 ' I have sailed on the sea of Galilee' 라고 씌어진 티셔츠도 샀다.

출입국

출입국이 까다롭다. 그러나 우리 일행은 예상보다는 수월하게 출입국을 하였다. 어떤 경우는 시간 나마 기다려야 한다고 하였는데, 우리는 불과 1-20분 사이에 일행들의 출입국절차를 마쳤다.

알렌비 출입국 사무소에서는 아주 조그만 입국사증을 따로 교부하였는데, 여권에 이스라엘 입국사증이 찍히면 다른 아랍 나라들이 입국을 거부하기 때문이라 한다. 요르단에서 이스라엘을 다녀 온 사람들도 아랍 국에 드나 들 수 있도록 편의적인 조치를 취한 것이라 한다. 이런 내용을 모르고 입국사증을 소홀히 하여 잃어 버리는 경우가 적지 않았다.

이스라엘에서 출국할 때에도 공항 내의 보안검사가 심하다고 들었는데, 우리 일행에 위험인물처럼 보이는 이가 없었는지, 동양인(한국인)들이라 위험성이 거의 없어 보였는지 두 여성 보안공무원이 여권과 얼굴을 확인하고, 우리가 위험물을 운반하고 있지는 않은지 문답식으로 확인한 후 미소를 띄우며 다음 절차를 밟을 수 있도록 들여 보내 주었다.

헤롯왕

성경을 읽을 때 헤롯왕의 이름은 약간의 혼돈을 주기 마련이다.
예수님이 태어나셨을 때 재임한 헤롯 왕이 있고, 예수님이 돌아가
실 때에 재임한 헤롯 왕이 있기 때문이다.

탄생하실 때에 재임한 헤롯이 왕조를 개창한 유명한 헤롯 대왕
이고, 헤롯 대왕이 죽은 후 그의 세 아들 헤롯 안티파스, 헤롯 빌
립보, 헤롯 아켈라오 등 아들이 영토를 나누어 다스리는 분봉왕이
되었으며, 세례요한을 참수하고 예수님을 재판한 왕은 헤롯 안티
파스인 것 같다. 헤롯 안티파스의 후계는 헤롯 아그립바 1세, 2세
이다. 헤롯 아켈라오는 학정으로 재위 7년 만에 로마에 의하여 폐
위되었다 한다.

헤롯(대왕)은 이두매 인으로 반만 유대인이라 하는데, 당시 유대
지역은 로마의 총독이 부임하는 속국이 되었으므로, 헤롯 대왕은
그의 정치적 수완으로 로마의 인준을 받아 왕이 되었고(그에 대한
감사로 가이사랴 도시를 건축하여 로마 황제에게 헌정함), 유대 백성과
제사장 계급의 묵인 (또는 승인)을 받기 위해서는 유대인들이 좋아
할 만한 사업을 펼치고 (대대적인 성전증축) 자신이 유대교로 개종
하기까지 하였다. 그러면서 외침(로마의 침략도 포함) 또는 반란을

두려워하여 맛사다에 난공불락의 요새를 축성하였다.

이 요새는 AD 68- 72 년 사이 유대의 최후의 항쟁에서 2-3년 동안 로마 군에 대항하여 최후의 1인까지도 격렬하게 저항하며 죽어 간 곳으로 유명하다 (10명 정도의 노약자만 남겨졌음). 현대이스라엘 군인들은 이곳에서 국방의식을 고양시키고 있다. 이곳에서 임관식을 거행한다든가?

헤롯 안티파스도 요르단 지역 마케루스에 요새를 지었다. 그 지역은 요르단에 있다. 세례 요한이 그곳 감옥에 갇혀 있다가 참수되었다 한다.

헤롯 왕가에 대하여는 요르단 지역 해설사(한희철)이 상세하게 먼저 설명하여 주었다. 그에게 어디에서 그토록 상세한 로마-유대의 역사를 배우게 되었느냐고 물으니『성경과 5대제국』(조병호 저, 통독원),『세 종교 이야기』(홍익희 저, 행성B잎새출판사, 2018. 11. 30. 초판) 두 책자를 소개하였다. 그 중『성경과 5대제국』은 구입하여 참조하였다.

단 지역

단이 원래 배정받은 지역은 현재의 지역이 아니고 비옥한 토지였으나,
블레셋 사람들과 접경함으로써 많은 괴로움을 당하여 현재의 지역으로 이주
하였다 함.

주된 수원지 (Main Spring) 표지 판

보기에도 신선한 생수가 솟아나와 흘러가고 있다.

바니아스 계곡에서 멀리 바라다 보이는 눈 덮인 헐몬산

골란고원

거의 의식하지 못하고 지나 왔다. 접경 마을 쿠네이트라의 중간에 UN 평화유지군이 주둔하고 있다. 검문이 있으리라 예상했는데 그냥 지나간 것 같다

농업

이스라엘 농업에 대하여 깊은 관심이 있으나, 농촌의 풍경, 농촌 지역의 가옥, 주민의 삶 등 겉가죽만 보고 왔다.

Shimon Peres (전 이스라엘 대통령)은 "농업은 95%가 과학이고, 5 %가 일이다" (Agriculture is ninety-five percent science, five percent work) 라고 갈파하였다. 이스라엘 농업의 특징을 과학성, 과학적 기초 위에 두고 있다는 말이다.

초대수상 벤 구리온의 삶은 농업과 관련해서 매우 의미가 깊다. 그는 77세에 수상 직에서 물러난 후 농업으로 돌아가 광야에서 기거하면서 서거하기까지 10년간 농사를 지었다. 우리에게 불모지로밖에 보이지 않는 사막이나 광야가 그에게는 창의력을 자극하

는 여호와 하나님이 베푸신 옥토와 같았다.

벤 구리온의 생애를 더 잘 알아보기로 하였다. 광야가 사람이 살기 어려운 불모지가 아니라 우리의 관점과 노력과 체험에 따라 젖과 꿀이 흐르는 땅으로 변모할 수도 있다는 가르침을 남겨 준 분이라 생각된다. 광야에서의 시련과 명상은 처절하고 결연하여 우리의 존재를 하나님께 더 가까이 인도하여 갈 뿐 만 아니라 그 곳에 머무르는 사람들에게 의식주라는 생존의 선물도 예비하고 있는 신비한 처소이다. (강정규 선생님은 이 글의 제목을 그저 '요르 단 이스라엘 여행기' 로만 붙이고 싶어 하는 필자에게 제목에 관한 어떤 조언을 해 주셨는데 필자는 그로 인하여 몹시 부심하다가 〈광야의 선 물_요르단 이스라엘 여행기〉 로 하면 좋겠다는 생각을 하게 되었다.)

인구

두바이 15 % 본국인, 85 % 이주민
요르단 이주민 급증
이스라엘 838 만, 200만 정도는 아랍계 이스라엘 인
예루살렘 80만, 텔아비브 경제, 행정 중심도시, 100만이 넘고,
위요지역까지 합치면 300만 정도의 대도시

Ⅳ. 본기 순례기 (本記 巡禮記)

1. 머리말

지금은 예수님의 행적을 기념할 만한 모든 곳에 기념 교회들이 세워져 있다. 성지가 교회건물 안에 위치하고 있는 곳이 많다. 교회가 성지를 보호하고 있어서 여지껏 남아 있거나 성지가 있었던 곳으로 추정할 수 있는 곳을 가리켜 주고 있으므로, 예수님을 생각하고 경배하고 찬양하는 모든 마음들을 교회로 표현하고 있다고 생각할 수 있다.

대체로 성지에 세워진 교회는 전 세계적인 관심 가운데 세워졌기 때문인지 그 규모가 매우 크다. 세계의 신도들이 주목하고 있는 곳이고, 지금까지 역사의 진전과 변화, 지배자의 교체에 따라 교회를 관리하는 주체도 한 군데인 곳도 있고 여러 군데에서 공동으로 관리하는 곳도 있다. 그리스정교회, 프란치스코수도회, 베네딕토교단 등에서 관리하는 곳들이 눈에 뜨인다.

그러나, 나는, 그곳에 세워진 교회가 어떤 규모이고 어떤 특색을 가지고 있는지, 누가 관리하는지에 대하여는 괘념하지 아니하고 오로지 그 때 당시의 모습만을 마음 속으로 그리면서 돌아 보았다. 성스러운 그분들과 함께 하려고 노력하였다.

해설사가 우리에게 주문하기를 예수님이 지금도 살아계신다고 생각하고 예수님과 함께 걷고 있다고 생각하여 달라고 하였는데 나는 그와 같은 주문이나 권고를 매우 합당하게 받아들였다.

이제 짧은 순례를 마치고 돌아 왔지만, 이 여행에서 내가 길이 간직하려고 하는 것은, 예수님이 세례 받으신 곳, 40일간 금식기도 하셨다는 광야 등, 공생애 활동을 주로 하시면서 가르치고 설교하시고 위로하고 치료해 주시던 갈릴리 호수 주변과 동산들, 예루살렘에 가셨을 때 기도하셨던 겟세마네 동산, 올리브 산, 수난당하셨던 길 돌로로사, 골고다 언덕, 마가의 집, 예루살렘 성에서 겟세마네 동산까지 오고 가셨던 길, 그리고 예수님 이전의 모세의 느보산, 므리바 물, 엘리야의 갈멜산, 예수님과 동시대 또는 그 이후로는 요한의 출생지와 사역지, 사도 바울이 갇혀 있던 감옥, 총독을 접견하였던 장소, 쿰란 공동체의 터 등이다. 그 광경과 그곳에서 이루어진 내용들을 가슴속에 선명하게 간직하면서 더욱 경건하게 우리 주님께 가까이 다가 가면서 살고 싶다.

2. 갈릴리지역 등에서

주 예수 그리스도님 태어 나신 곳 , 베들레헴 (제 9 일 차)

교회로 올라가는 거리의 입구에 'Merry Christmas' 라고 쓰여진 네온이 있고 작은 점 장식등 (點 裝飾燈)이 거리를 덮고 있다. 예수님이 태어나신 곳이니 그곳에서의 성탄인사는 다른 곳에서와는 달리 들렸다.

각국에서 예수탄생을 축하하는 그림을 보내 전시되어 있다.
위 사진에서는 왼쪽에서 세 번째 한복 입으신 마리아와 아기 예수가 보인다.

주님이 태어 나신 곳은 요셉이 아구스도(아우구스투스) 황제의 영(令)에 따라 마리아와 함께 그가 살고 있던 갈릴리 지방 나사렛에서 예루살렘보다 조금 더 아래쪽에 있는 원적 고향 (原籍 故鄕) 베들레헴으로 내려 갔을 때에 그 곳 여관에서 숙소를 얻지 못하여 마구간에서 몸을 풀게 되어 말구유에 놓이게 된 곳이다.

수태고지 교회

교회 안

마리아가 해산한 곳, 주님을 누이셨던 말구유 지점을 돌아 보았다. (해설사의 설명에 따르면) 당시의 여관은 1층에 여러 개의 방이 있어서 살림집으로 사용하였는데 주인 가족이 기거하는 방, 마굿간, 창고 등이 있었으며, 2층에 여러 개의 방을 두어 손님을 받아들였다 한다. 요셉과 마리아는 2층의 방을 얻지 못하여 마굿간에 머무르게 되었던 것이고, 그 여관이 세워진 대지의 지층도 여러 개의 자연굴을 이용하거나 인공적으로 굴을 팔 수 있었던 곳이라 하였다.

출생지 위의 교회는 로마의 헬레나 모후(母后)의 순방에 즈음하여 세워졌다고 하며, 그 후 한번도 파괴되고 복원을 거치는 일이 없이 유지되었다고 한다. 그리스 정교회에서 관리하고 있다. 제단 쪽에 십자가에 달리신 주님의 그림이 큰 패도화(掛圖畵)로 걸려져 있다. 그 분의 출생은 그 분의 십자가상의 죽음으로부터 시작하여 소급하여 기념되기 때문이라 생각한다. 십자가에 달려 죽으심, 부활 그리고 우리에게 남기신 성령으로 인하여 그 분의 탄생의 참 의미를 깨닫게 되는 것이다.

목자들의 들판 교회

들에서 양을 치다가 천사의 말을 듣고 갓 태어난 아기 예수를 경배하러 왔던 목자들이 양을 치던 곳을 돌아 보았다. 목자들은 밤이 되고 추워지면 양들을 동굴에 몰아 넣는다. 양들은 서로 가까이 붙어 자기 때문에 체온을 유지할 수 있고, 목자들은 굴 밖에서 양들을 지켰다.

이 교회가 매우 친밀하게 느껴졌다. 순례의 마지막 쯤이라 일행들의 마음이 매우 고양되어 있는데, 순례 중에 찬양 찬송하는 것이 다른 순례자들에게 방해가 되는 것을 염려하여 삼가던 해설사 (이범수)가 이 교회에서는 다른 순례객이 없는 틈에 찬양을 제의하여 일행들이 교회 안 좌석에 빙 둘러 앉아 예수님의 탄생을 기뻐

하고 경축하는 찬송곡을 몇 곡 연이어 불렀다. 순례 중 찬양하고 싶은 갈증이 조금 풀리는 순간이었다.

자라나신 곳 , 나사렛

예수님의 공생애 지역인 갈릴리 호수 주변을 먼저 둘러 보았고, 나사렛은 나중에 들렀다. 나사렛은 갈릴리 바다 지역에서 비둘기 골짜기를 통과하면 나오는 가까운 곳이다. 갈릴리 수변 지역을 벗어나면서 돌아 보았다. 이곳에서는 요셉의 집터 교회에 관한 설명을 들었다.

나사렛은 원체 작은 마을이었는데, 성지로서 차츰 확산되어 지금은 대도시가 되어 있다. 나사렛에서는 주택의 지붕에 설치한 검은 색 플라스틱 물탱크를 많이 보았다. 아랍인들이 사는 마을에 물 공급이 잘 안되어 설치한 것이라 한다. 나사렛 산지에는 유대인과 아랍인이 섞여서들 살고 있는데, 성지에는 주로 아랍계 기독교인이 산다고 한다. 이곳의 아랍인들은 이스라엘 시민권을 가졌다 한다. 나사렛과 텔 므깃도 사이가 이스르엘 평야라 한다. 무슬림 사원도 보였다. 신시가지는 산 위쪽에 조성되어 있다.

가나의 혼인잔치 교회

나사렛에서 약 15 km 떨어진 곳. 해설사로부터 당시 혼인 풍속에 관하여 흥미로운 이야기를 들었다. 혼인잔치를 일주일 동안 벌였던 것은 먼데서 오는 일가친척과 손님을 위한 배려였다고 한다. 정혼(약혼)한 후 정식의 혼례식을 올리기까지는 1년 정도의 기간을 두는데, 이 기간 동안에, 신랑은 대처(大處)에 나가서 돈을 벌고, 신부는 신랑의 의복을 지었다 한다. 그렇게 잘 준비한 후에 한 가정을 이루는 신랑신부의 오랜 기다림 끝의 기쁨은 매우 컸을 것이다.

타브가(TABGHA) 지역

공생애 (설교하시던 곳, 가르치시던 곳)

* 타브가 지역에서 일어난 성경적 사건(event)들로 초기성도 부르심(막1:16-20), 산상수훈(마5:1ff), 문둥병자 고치심(마 8:1-4), 오병이어의 기적 (마 14:15-21), 물위를 걸으심(막 6:45-52), 부활후 베드로 및 함께 모여있던 사람들 만나심(요21:1ff), 갈릴리에서 마지막 나타나심(마28:16-20), 500형제 앞에 보이심(고전15:6) 들을 들고 있다. (표지판 맨 아랫단)

예수님의 가장 아름답고 소중한 생애가 펼쳐졌던 곳이여! 예수님의 발걸음 소리 들리는 듯하고 예수님의 부드러운 눈빛이 나를 내려다 보는 듯하고 맑은 음성이 들려 오는 듯 하며 예수님이 기거하던 동굴에 제자들과 함께 밤을 같이 지내며, 여호와 하나님 아버지께 간절히 기도하시던 곳. 갈릴리 호수 북쪽에서는 예수님이 다니시던 곳이 넓게 한 눈에 들어 온다.

주님이 살던 곳(나사렛) 에서는 오히려 배척을 받으시고, 주님은 갈릴리 호수 주변에 있는 벳세다, 가버나움, 고라신, 티베랴, 겐네사렛, 거라사 등지에서 설교하고 가르치고 위로하고 기적을 베푸셨다.

우리는 이틀에 걸쳐서 그 지역을 두루 다녀 보았다. 갈릴리의 푸른 물결을 내려 다 보는 완만한 경사의 산기슭이 갈릴리 호수를 둘러 서 있다. 그곳에서 예수님이 거니셨다. 바람이 호수 쪽에서 불어 오면 호수 변에 서서 설교하셨고, 바람이 산기슭에서 내려 오면 (서풍) 산에 올라가서 가르쳤다. 1년에 200일은 서풍이 불었다 한다.

우리는 오병이어 교회, 베드로 수위권교회 (Peter Primacy), 팔복교회, 가버나움 교회를 돌았다.

베드로 수위권 교회 입구

사도 베드로 상

예수재림에 관하여 영어, 독일어로 새긴 비석

예수님이 베드로에게 권능을 부여하는 장면(조각)

오병이어(五餠二魚) 교회

타브가 (Tabgha) 라 부른다. 교회의 모양이 좌우 대칭 형으로, 다른 교회와는 좀 다르다. 입구로 들어 가면 정방형으로 둘러 싼 건물 안에 중정(中庭)이 있다. 중정에서 해설사의 설명을 들었다. 이 교회에서부터 예수님의 공생애에 관한 상세한 설명을 듣기 시작한 것이다. 오병이어 교회의 위쪽에서 전경(全景)을 촬영한 엽서를 보니 높고 푸른 교목(喬木)이 잘 배치되어 있고, 바로 앞에 푸른 갈릴리 바다, 그 너머에 요르단산지의 산자락이 보인다. 갈릴리 동쪽 일부가 이스라엘 관리지역이 된 것은 6일전쟁 이후일 것이다.

갈릴리 호수가에서 본 베드로 수위권 교회

54

이 돌판 사진은 '예수님의 말씀에 따라 그물을 내린 베드로, 베드로의 순종이 과거의 한 이야기에 그치지 않고, 오늘날에도 주님께서 그와 같은 순종을 기다린 다'고 씌어진 통로바닥 글자판. 영어 및 독일어로 쓰여짐.

갈릴리수변 레오나르도 호텔에서 이틀을 묵으면서 그 지역이 조금은 눈에 익도록까지 돌아 다녔다. 고라신을, 가버나움을, 겐 네사렛을 돌아 보았다. 풀이 잘 자라 언덕을 덮어 초장을 이루었 으며, 노란(겨자)꽃이 들판 가득히 피어 있었다. 예수님이 그곳에 함께 계시는 듯하였다. 그런데 예수님의 집은 있었을까? 베드로, 베드로의 장모, 요한, 세배대의 집은 있었을 터이나 예수님은 기 거할 곳이 없으셨다. 동굴에서 지내셨던 것 같다.

두 마리 물고기 형상의 조약돌 모자이크. 다섯 개의 빵은 광주리에 얹혀져 있다.

어느 교회에는, 예수님이 노숙인의 모습으로 누워있는 조각상을 배치하고 있었다. 그 조각을 보는 마음이 울컥하였다.

주님이 노숙인처럼 (으로) 담요를 덮고 주무시는 조각상(마 8:19,20)

우리는 예수님을 참 생명과 빛으로 알고 따르고 찬양하고 있다. 당시에도 그렇게 인식하고 있었을 것이다. 그러나 그분은 결코 권위 있고 화려한 옷을 걸친 힘있고 건장한 분의 모습은 아니었다. 그럼에도 불구하고 그분의 말씀은 다른 사람들과 같지 아니하고 힘이 있었다. 그의 눈빛은 때로는 강렬하고 형형하였을 것이고 때로는 한없이 자비로왔을 것이다. 그의 음성은 수많은 청중에게 들렸을 정도로 맑고 우렁찼을 것이다. 그 분은 자기를 드러내기 위하여 오신 분이 아니시고 우리를 구원하고 변화시키기 위하여 오셨으므로 그 분의 말씀이 우리 귀에 들리기까지 모든 힘을 기울여 설명하셨을 것이다. 그 분이 고라신 사람들이 변화되지 않은 것을 보고 크게 개탄하셨다지만.

팔복교회, 정원을 특별히 잘 가꾸어 놓았다.

이용자에게, 수녀의 안내를 받으라는, 정원에 세워진 표지판
(이 교회는 수녀들이 관리하고 있는 듯)

베드로 장모의 집 위에 세워진 교회

베드로의 장모의 집 (동굴)

고라신

고라신은 예수님이 가장 많은 권능을 행하였으나 변화되지 않아 예수님의 저주(?)를 받았으며 폐허가 되었다고 하는데, 지금은 성지중의 하나로 많은 사람들이 방문하고 있다. 그곳에 검은 돌 현무암을 활용하여 만든 오랜 회당터가 남아 있고 예수님 시대의 건축물임을 확인하였다고 한다. 이스라엘의 산물이던 올리브, 대추야자, 석류, 종려, 포도 등 1세기에 그린 문양이 보인다. 당시 공회는 예배를 드리는 장소라기 보다는, 경전을 외운 사람(tana)에 의하여 Talmud가 전승되는 곳이었다. 공회당 안은 성직자를 위한 중심 위치가 없다. 회당으로 들어 가는 중앙, 좌우문 세 문이 있는데, 중앙은 회당장이, 오른쪽 문은 남자들이, 왼쪽 문은 여자들이 출입하였고, 문은 예루살렘 쪽을 향하게 배치하였다.

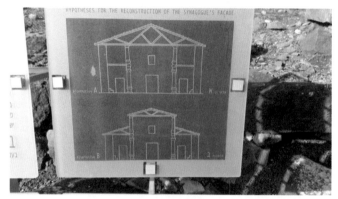

공회의 설계도

공회 터

공회 입구 (예루살렘을 향한 서향)

그 시대의 문양

예수님의 머리 위에 씌운 가시관을 만든 나무는 학명(?)으로 '지지푸스 스피나크리스티' 라고 한다. 타브가 지역 (고라신 경내로 기억한다) 에서 이 나무 아래에 설치한 벤치에 앉아 해설사의 설명을 들었다. 순례지의 어느 곳에들 모여 해설사의 설명에 온 신경을 집중하는 마음을 어떻게 그릴 수 있을까. 단 숲 여로보암의 산당 계단에서, 쿰란의 동굴 안에서, 오병이어 교회의 중정에서.

티베랴, 막달라

티베랴는 헤롯 왕가에서 축조하여 티베리우스 황제에게 바친 도시이다. 당대에 번성하였다 하고, 지금은 주민 10만명 남짓의 아름다운 소도시이다. 이곳 레오나르도 호텔(다빈치와 연관을 지은 이름이다)에서 이틀을 묵었다. 호텔에서 타브가지역으로 가는 도중에 막달라 마을이 있다. 막달라는 그곳에 사는 마리아가 일곱 귀신이 들려 괴롭힘을 당하는 것을 예수님이 치유하였고, 계속 예수님을 따르면서 살아가다가 예수님의 부활을 목도하고 제자들에게 알린 마리아의 마을이다. 성지로 보존되고 있는 것 같지 않고 따로 교회가 건립된 것도 아닌 듯하였다. 해설사가 그곳으로 인도하지 않았다. 그 지점에 새로운 호텔을 건립중인 광경을 지나가면서 바라 보았다.

여리고

해설사가 일부러 안내하여 보여준 돌무화과 나무. 삭개오가 올라갔었다는 나무와 같은 종류의 나무이며, 수령은 700여년 된다고 하였다.
해설사가 매우 역점을 들여 설명하였다.

위의 삭개오 나무 건너 편에 서 있는 그리스 정교회

시험산

시험산을 바라보고 있는 일행들.
안내판에 세계에서 가장 오랜 1만년 전의 도시라고 표기되어 있다.

시험산

중턱에 보이는 그리스정교회 수도원

　시험산은 예수님이 사시던 갈릴리와는 현 이스라엘 국의 북부
에서 중부까지 내려 온 지점이다. 예수님은 공생애 이전에 집을
떠나 요단강의 동편과 서편을 두루 다니셨고 마침내 세례 요한이
세례를 베풀던 곳에서 세례 받기를 청하신 후 성령에 이끌리어 이
곳 광야와 시험산에 오신 것으로 짐작된다. 예수님은 요셉과 마
리아의 맏아들로서 목수로서 오랜 세속생활과 인간된 생활을 어
떻게 보내셨을까 알고 싶지만 그 마지막에 다녀 가신 이곳을 보면
서 시간을 거슬러 생각하여 보게 된다.

3. 예루살렘에서

들어 가면서

가이사랴 빌립보에서 텔아비브를 거처 예루살렘에 도착하였다. 예루살렘은 이 여행 중에 가장 감동적이어야 할 도성이지만 여행의 마지막 부분에 잡혀 있었고(제7일차 1월 13일), 너무나 짧은 시간에 너무나 많은 처소를 순회하면서 돌아 보았기 때문에 몸의 피곤함이 마음 속의 감동을 따라가지 못하였다.

도성은 해발 800- 1000 m의 고도이고 주민들의 구성이 복잡하여서인지 아름다운 곳이라기 보다는 무엇인가 심하게 얽혀진 곳이라는 느낌으로 부딪쳐 왔다. 예루살렘 시는 크게 4분하여 유대인구역 , 무슬림구역 , 기독교인구역 , 아르메니안구역으로 나뉘어져 있다.

예루살렘에서 돌아 본 곳을 순차로 기록하는 것은 거의 불가능하여 기억과 인상에 남아 있는 대로 기록하기로 하였다.

다윗성의 발굴

　다윗성이 발굴되면서　드러난 부분을 볼 수 있었다.　석축으로 사용한 돌이 크지는 아니하였다. 다윗성이 발굴되면서 다윗이 '실재'인물이라는 증명을 할 수 있게 되었다는 말을 들었다. 우리에게 다윗 왕은 엄연히 역사적으로 실존한 인물로 인식되고 있는데, 다윗이 실존인물인가부터 의심하는 견해가 있었나 보다. 다윗의 묘로 인식되어 보존하고 있는 곳도 가 보았다. 지나쳐 가는 우리에게 저것이 다윗의 묘가 맞는 것일까 하는 상당한 의문이 들게 하였다. 그 묘의 입구에 만들어진 공간에 정통 유대교의 전승과 연구에 전념하는 듯한 이들이 상당수 모여 있었으나 산만한 분위기였다.

예루살렘 성은 다윗성이 맨 아래쪽이고 솔로몬 왕에 의하여 왕
궁과 성전이 위쪽으로 이어 축조되었다. 그 후에 히스기야가 쌓은
성이 잇대어 있다. 모리아 산의 황금돔 모스크가 그 위쪽에 있고,
외곽의 성은 로마의 침공에 의하여 파괴되었고, 현존하는 성벽은
12세기 술레이만 황제에 의하여 증축된 것으로 외곽으로 길게 둘
러져 있다.

길다란 예루살렘 성곽 외벽

겟세마네 동산 쪽에서 보면 성벽 있는 지역의 전경(全景)을 조망
할 수 있다. 멀리서도 반짝이는 황금돔의 모스크 사원, 길다란 성
벽, 그리고 성밖에 널려 있는 석곽 묘. 이스라엘에서는 화장(火葬)
은 하지 않고 석곽에 시신을 안치하여 지상에 배열하여 놓는다.
그와 같은 장묘법은 유지관리에 상당한 문제를 야기할 것으로 생

68

각된다. 얼마 전, 지하층을 만들어 석곽을 보존하는 계획을 세웠다는 뉴스를 보았다.

석곽이 늘어져 있는 장묘 풍속

서쪽 벽 (통곡의 벽)

서쪽 벽은 이른바 통곡의 벽으로 불리운다. 로마군에 의하여 이 성이 거의 대부분 무너진 후 겨우 남아 있는 일부분이다. 로마는 극렬하게 저항한 유대인에 대하여 그 도성의 예루살렘이라는 이름도 팔레스타인(블레셋)으로 바꾸어 지도상에서 없애 버리려 하였다. 유대인들이 그곳에 모이는 것은 일체 금지하였다가 비쟌틴 시대에 이르러서는 사흘 동안 출입과 기념이 허용되었다 한다.

(예루살렘 성이 완전히 파괴되기까지의 전후사를 한희철 해설사로부터 실감나게 들었다. 그는 8월8일 하루만 참례하도록 허용되었다고 했다) 이 벽 앞 광장에서 2-30분의 자유시간을 허용하여 그곳에 모인 사람들의 의식, 성벽 틈새 구석구석에 꽂혀져 있는 기도문 쪽지들을 보았다. 그 쪽지들이 넘치면 한데 모아 보존한다고 한다. 특별히 지키는 절기가 아니어서인지 성벽 앞에서 통성으로 기도하는 이들은 없었다. 유대인들은 이 벽을 통곡의 벽이라고 부르기 보다는 단순히 서쪽 벽이라 부른다고 한다. 그리고, 이 벽과 광장을 이스라엘에서 영구적으로 관리하려 하고 있다. 광장에 '예루살렘을 다시 세우자 (Rebuild Jerusalem)' 는 슬로건 이 보였다.

통곡의 벽 앞에서 필자

히스기야 동굴과 터널

예루살렘을 다시 세우려는 이스라엘의 목표는 히스기야 동굴을 내려가면서도 볼 수 있었다. 동굴의 어느 지점에, 예루살렘을 다시 세우려는데 기여한 인물들을 소개하는 홍보판이 있었다. 히스기야 왕의 사적은 열왕기 하 18장-20장, 역대 하 29장- 32장에 기록되어 있다.

이 동굴은 전란시에 성안으로의 급수문제를 해결하기 위하여 파 내려간 통로이다. 좁은 곳도 있고, 조금 넓어지는 곳도 있으나, 참 가파르고 위험한 공사였으며, 불굴의 의지라는 느낌이 강하게 다가왔다. 동굴 아래쪽에 수원(水源) 곧 샘이 있고, 이 샘을 보호하기 위하여 외부에서는 그 안에 샘이 있다는 것도 알 수 없도록 위장하고 은닉하였으며, 소수의 병력으로도 지켜 낼 수 있도록 설계하였다.

히스기야 터널에는 물이 흐르고 있다는데, 그곳을 통과하는 일정도 포함되어 있었다. 당일 날도 흐리고 약간 쌀쌀한데 불빛 없는 어두운 통로를 바로 앞의 조명에 의지하여 25-30 분 동안 발에 물을 적신채 통과하는 곳이어서, 나는 옷, 신발을 준비해 갔지만 목전에서 포기하고 말았다. 다른 일행들도 마지막에 마음을 접어

히스기야 터널(물길)을 지나는 모험은 이루어지지 않았다.

기드온 연못

히스기야 터널을 지나 기드온 연못 가로 내려 갔는데, 크지 않았
고, 물이 흘러 들고 나가는 길이 있어서인지 맑았다. 관리보수공
사가 이루어지고 있어서 어수선하였기에 물가에 앉아 있지도 못
하였다.

흐린 날 고산지대에 안개가 어리고, 그 가운데 수백년 수령의 올
리브 나무가 곳곳에 은근히 서 있었다. 올리브 동산에는 말할 것
없고, 기드온샘 가까운 곳에도 수백년 노령의 올리브 나무를 볼
수 있었는데, 신기한 것은 그토록 늙은 나무에서도 어린 나무와
같이 올리브 수확이 평균적으로 이루어지고 있다는 것이다.

수령이 높은 올리브 나무가 곳곳에 서 있다.

기드론 골짜기

골짜기를 사이에 두고   예루살렘 성과 겟세마네 동산이 마주 보고 있다. 성에서 내려 오는 길은 가파르지만 겟세마네 동산에서의 길은 그다지 가파르지는 아니하다. 예수님이 보름 달빛 아래 밤을 지새우다시피 피땀을 흘리며 기도하던 곳……. 그곳의 이름은 올리브 산이었다. 동산을 오르는 순례객들이 넘쳐 났다. 힌놈의 골짜기는 기드론 골짜기의 아랫편이었다.

골짜기 건너 바깥 마을, 그다지 아름답지 않았다.

올리브 산

우리는 감람산이라고 불러 왔으나 올리브산이라 부르는 것이 옳은 것 같다. 올리브 산에서 예수님이 승천하신 지점에 세워진 승천 교회, 주기도문을 가르치셨다는 주기도문 교회, 겟세마네 교회를 돌아 보았다. 승천교회에는 모스크식 돔이 설치되어 있었고, 예수님의 발자국이 찍혀 있다는 부분도 있었다. 주기도문 교회에는 세계 각국어로 주기도문을 써 놓은 것을 사방에 붙여 놓았다. 한글로 된 주기도문이 붙어 있었던 것은 말할 것도 없다.

    열방에서 주 예수님의 생명과 빛을 향하는 뜨거운 시선을 모아
놓은 것 같았다. 우리 일행의 앞에는 우리보다 더 많은 수의 아름
답고 건강한 흑인들이 순례하고 있었다. 흑인 뿐만이 아니었다.
겟세마네 동산을 걷는 이들은 흑,백,황 각기 다른 대륙의 성도들
이 어울리고 있었다. 겟세마네 교회 옆 밭에 심겨진 노거수(老巨
樹) 같은 올리브나무들이 매우 인상적이었다.

예수승천교회

겟세마네 동산 전망대에서 예루살렘 성을 배경으로 찍은 들꽃교회 일행
모리아산 황금돔이 눈에 뜨인다.

예루살렘에서의 예배 (1월 13일 밤)

　예루살렘에서의 행보는, 너무나 보아야 할 것이 많아 분주하기 짝이 없었다. 우리는 모리아산의 황금돔 모스크 사원에는 가까이 가지도 못하였다. 예배를 드릴 수 있는 공간을 제공한 호텔의 한 방실(房室)에서 노환상 목사님의 인도로 예배를 드렸는데, 모두들 너무나 피곤한 나머지 간신히 앉아 있는 것 같았다.

　마태복음 7장 21절부터 29절 까지였다. 산상수훈의 마지막 부분으로 예수님의 교회관을 보여 주는 부분. 두 부류의 사람과 집 곧 듣고 행하는 자의 반석 위의 집과 듣고도 행하지 않는 자의 모래 위의 집을 대비하여 묵상하게 하였다. 마음 같아서는 손벽치고 찬양하며 하나님의 은혜에 감격하는 활발한 예배를 드리고 싶었지만. 육신이 무겁기만 하였다. 우리 일행의 자연스러운 찬미는 목자들의 교회에서 자연스럽게 함께 불렀던 찬송의 시간이었다고 생각된다.

Via Dolorosa (수난의 길)

주님은 겟세마네 동산에서 새벽에 체포되어 대제사장, 빌라도 총독에게 재판을 받고, 십자가 형이 선고되어, 그 형이 집행 되기까지 반나절도 채 지나지 않았다. 새벽에 잡혀 가서 그날 오후에 처형되고 만 전격적인 재판이었다. 주님이 십자가에 매달려 그 영혼이 떠나기까지 걸린 시간도 다른 죄수와 달리 무척 짧았다. 불과 여섯 시간 정도였을까. 어떤 이들은 산 채로 이틀, 사흘 매달렸다가 절명하였다고 한다.

주님의 죽음을 로마 군병이 창으로 옆구리를 찔러 확인하였고, 아리마대 요셉이 빌라도 총독에게 그 분의 시신을 내어 줄 것을 청원하자 총독은 그렇게 빨리 죽음에 이르렀는지 의아해 하기도 하였다 한다.

주님이 십자가에 매달린 곳, 주님의 시신이 내려져 눕힌 곳, 아리마대 요셉이 새로 파 놓은 무덤 들이 모두 골고다 언덕에 있었다. 그곳이 사질토이고 사암층이기에 굴을 파기도 용이하였을 것이다.

십자가에 매달리신 곳, 골고다 언덕의 바위, 눕힌 곳을 순례자들

의 줄을 따라 오래 기다렸다가 직접 만져 보고, 주님을 안치한 무
덤의 누이신 자리도 직접 손으로 만져 보았다.

　주님이 재판을 받은 관정(官廷)에서부터 골고다 언덕에 이르기
까지 14처소*¹로 구분하여 놓았는데 그곳을 맨 몸으로 오르는데도
주님의 고통이 마음 속에 전하여져 왔다. 구레네 사람 시몬에게
십자가를 대신 짊어지게 하였다는데 그가 끝까지 대신 지지는 않
았다 한다.

---

*1
제1지점 예수께서 재판을 받은 곳
제2지점 예수께서 십자가형을 받고 가시관을 쓴 곳
제3지점 십자가를 진 예수께서 첫 번째 넘어진 곳
제4지점 예수께서 성모 마리아를 만난 곳
제5지점 구레네 시몬이 예수를 만난 곳
제6지점 베로니카가 피땀으로 얼룩진 예수의 이마를 손수건으로 닦은 곳
제7지점 예수께서 두 번째 넘어진 곳
제8지점 예수께서 예루살렘 여인들을 향해 너와 자녀들을 위하여 울라
　　고 말씀하신 곳
제9지점 예수께서 세 번째 넘어진 곳
제10지점 예수의 옷을 벗긴 곳
제11지점 로마 군병들이 예수를 십자가에 못 박은 곳
제12지점 예수를 십자가에 매달은 곳

관정 문옆에 모형 십자가가 세워져 있었다. 원하면 짊어져 보라는 것이다. 십자가의 무게가 여간 무겁지 않아 건장한 장정이라도 오르막 길을 계속하여 짊어지고 가기는 어려웠을 것이다. 예수님이 몸이 허약하셨다 하므로 세 번 넘어지셨던 것은 당연한 일이었다고 생각되었다.

십자가를 지고 가시다가 어머니 마리아와 만난 곳, 베로니카(?, 누구인지 확인하여 보아야겠다)가 주님의 피땀을 닦아 주었다는 곳도 표시되어 있다.

제7번 처소, 두 번째 넘어진 곳 (몇 번째 처소인지 둥글게 표시되어 있다.)

제9번 처소, 세 번째 넘어진 곳

성화(聖畵)에는 주님이 십자가에 못박히시는 모습을 어머니 마리아가 비통하게 내려다 보고 있는 모습, 주님의 발치에서 통곡하는 막달라 마리아의 모습을 담은 것이 있었다. 그림을 보는 나도 절통한 마음이 저절로 들었다.

듣던 바 대로 수난길은 곳곳에 그 분을 기억하는 교회 또는 시설이 있었고, 주로 아랍인들에 의하여 운영되는 것으로 보이는 작은 기념품 가게가 즐비하였다.

주님이 십자가에 매달린 곳, 내려져 누이신 곳, 그리고 무덤은 모두 큰 교회로 감싸 안아 보존되고 있었다. 이곳은 '모든' 교단의 성소이므로 나누어 관리되고 있다는데, 우리가 갔을 때는 그리스 정교회의 사제복을 입은 이들이 관리하는 듯하였다.

주님이 오르신 수난의 길이 그 때처럼 그대로 전개되지는 않는다 할지라도 무슨 상관이 있겠는가. 어쨌든지 그 분의 행적을 기억하는데 도움을 준다고 생각한다. 교회와 상가가 상당히 번거롭기는 하지만……. 기념품 가게는 아랍계 주민들에 의하여 운영되는 듯하고 그들의 살림이나 외양은 넉넉하고 단정하게 보이지는 않았다. 그들은 거개가 무슬림들이지 않을까. 유대인들은 전연 보이지를 않았다.

마가의 다락방

마가의 다락방은 헤롯 안티파스 재임시에 부유한 사람들이 거주하였던 지역이었다 한다. '다락방'은 우리 식으로 번역한 것이고, 윗방 'upper room' 또는 윗층이라 하여야 맞을 듯하다. 매우 큰 공간이었다. 주님 사후 제자들 120명이 한데 모여 기도하였다고 하는 곳이며, 그 정도의 숫자는 들어 갈 수 있을 만큼 넓었다. 같은 층의 다른 방도 있었다. 한 층 아래에 예수님이 제자들의 발을 씻기셨다는 방이 따로 있다 한다. '마가'는 마가복음의 저자는 아니라 하는데 필자는 이에 관하여는 아는 바 없다. 그러나 이곳은 예수님의 제자들이 모여 온 곳이고, 제자들이 오순절에 성령의 불같은 세례를 받은 곳이어서, 마가와 예수님의 인연이 깊었고, 예수님 사후에도 그 제자들과의 인연도 지속되었던 것 같다.

그 곳이 최후의 만찬을 한 곳으로 인지된 근거는, 그 곳 돌기둥에서 펠리칸 새의 조각이 발견되었기 때문이라 한다. 펠리칸의 새끼들은 먹을 것이 없으면 어미의 가슴 살과 피를 파먹는다는데 이것은 주님의 자신의 피와 살을 내어 준 것과 같은 상징이라는 것이다. 우리가 주님을 따르는 것, 말씀을 이해하는 것에 상징성이 얼마나 큰 의의를 가지는지는 예수님 이후의 신학, 문학에 그 짙고 강렬한 연관성을 보여 준다. 그리스 신화의 해석에서 상징성은 그 내용보다 훨씬 더 큰 몫을 차지한다.

펠리칸 조각 기둥

4. 주 예수 그리스도와 함께

세례 요한 (제 9일 째)

세례 요한의 출생지 에인케렘(EinKerem)을 찾았다. 마을이 약간 높은 지대여서 주변과 저 멀리 솟아 있는 산도 조망할 수 있었다. 평화롭고 넉넉한 시골 풍경이었다. 하늘은 맑고 푸르렀으며, 바람도 선선하고 부드러웠다. 이른 가을 날씨 같았다. 버스 주차장에서 기념교회까지 한참 걸어 올라가야 했기에 그 사이 마을의 풍정을 맛볼 수 있었다. 성모 마리아와 엘리사벳이 만난 곳에 세워진 단아한 교회를 돌아 보았다.

예수님이 세례 받으신 곳 (제 5 일 째)

우리는 이스라엘 쪽(강 서쪽)에서 이 터에 다가갔으나 세례요한은 강 동쪽 베다니(요1:28)에서 세례를 베풀었다. 강물에 황토가 섞였으나 수질은 좋아 보였다.

마음속 고백문

예수님이 세례를 받으셨다는 곳에 왔습니다. 요단강은 곧 이스라엘과 요르단의 접경지이기도 합니다. 강 저편에는 요르단 쪽에서 오신 분들이 서서 이쪽을 바라 보고 우리도 그쪽을 바라 볼 수 있습니다.

두 번씩 온 몸을 담근 후 밖으로 나옵니다. 물이 많이 줄었다고 합니다. 종전의 물 높이 표시선(water level 13. 1. 2013) 이 그어져 있는데 현재의 물 높이 와는 한 길도 더 차이가 납니다.

저는 이 곳에서 이런 마음 속 말을 하고 있었습니다.

"저도 이곳에서 다시 세례를 받고 싶은 생각이 없지 않습니다. 목사님, 저는 20대의 대학생 때에 새문안교회(예수교장로회통합측)에서 머리 위에 물을 뿌려 주는 세례를 받았고 (적례, 滴禮), 30대에 불광동성서침례교회에서 교회 내 침례장소(침례탕이라 불렀음)에서 물 속에 온 몸을 담그는 침례를 받았습니다. 저는 세례 또는 침례의 의미를 잘 알고 받았습니다.

그러나, 세례 또는 침례를 받은 후 저의 정욕과 탐심 때문에 저의 신앙생활은 순식간에 비참하게 무너지기 일쑤였고 나날이 더 나빠져 가기만 하였습니다. 외양은 멀쩡하였지만 내면은 고개를 들 수 없는 형편이었습니다. 저는 싸우고 또 싸웠지만 도저히 승산이 없어 보였습니다.

제가 주님 편으로 온전히 생활의 방향을 돌리기 시작한 것은, 60대에 이르러 당뇨병이 크게 악화되어, 체중이 50 kg 이하로 떨어지려 하고, 허리근육이 다 빠져 나가 척추협착증이 심화되어 제대로 걷지도 못하고 눕지도 못하고 잠도 못 이루게 되어 사회생활의 분량도 대폭 줄이지 않을 수 없었던 8-9년 전부터였습니다. 지금도 저의 몸은 수도 없이 위기를 겪고 있습니다.

면역력이 크게 떨어져 몇 년 전에는 폐결핵(근래에 진성폐결핵이 아니라 의사결핵이었다는 말을 의사로부터 들었다.)에 감염되어 초기 2주간 집중치료를, 후속 9개월간 차츰 강도를 완화시키는 치료를 받았습니다. 재작년(2017년) 오뉴월에는 폐렴을 앓아 근 한 달 동안 아무 일도 할 수 없는 무력함에 빠졌습니다. 그 기간에는 사무실에도 나가지를 못하였고 교회도 출석하지 못하였습니다. 심한 기침이 끊이지 않았습니다. 한 두 마디 말조차 이어갈 수도 없었고, 찬송도 부르지를 못하였습니다. 새벽기도도 오히려 건강을 해쳤습니다. 폐렴은 강력한 항생제로 제어할 수 있었지만, 기침은 1

년이 넘도록 떠나지 않았습니다. 허파가 분절(分節)되는 핏덩어리가 섞여 나오기도 하였습니다.

이번 성지탐방은 1년을 더 연기한 것인데 작년(2018년)에 저의 몸의 상황은 너무나 나빴습니다. 그 당시 이스라엘의 불안한 정세도 저를 두렵게 하였습니다. 그래서 목사님께 성지순례의 연기를 청원하였고, 목사님께서 수용하여 주셨습니다. 감사하고 또 죄송합니다. 이번에는 작년과 같은 두려움이 많이 가셨습니다.

이곳 세례터에 오기 전에 제 마음 가운데에서 일어나는 소원은 한 번 더 세례를 받고 싶다는 것이었습니다. 그러나 유별난 일이기도 하여서 감히 말씀 드리지는 못하였습니다.

요단강의 물이 겉이 맑지는 않으나 풍성하고 싱싱하게 흘러 갑니다. 강속에서 자라나는 갈댓잎 줄기들도 키가 크고 싱싱합니다.

여호와를 경외하는 것이 지식의 근본이요, 거룩하신 이를 아는 것이 명철이라 하였습니다(잠 9:10). 저에게는 여호와를 경외함이 너무도 부족하였습니다. 저 자신과 하나님을 시험하는 일을 너무나 많이 반복적으로 저질러 왔습니다.

그러니 지혜가 온전하지를 못하였습니다. 저에게는 거룩하신 분의 거룩한 모습을 제대로 볼 수 있는 눈이 또한 부족하기만 하였습니다. 그래서 명철하지를 못하였습니다.

이제 진정한 세례를 받는 마음으로 이 곳에 서 있습니다.

앞으로 제가 살아갈 수 있는 연한(年限)이 얼마나 되겠습니까마는 세례를 받은 이후 더 나빠지는 신앙생활을 반복하지 아니하고 세례를 받은 자 곧 구원의 표시를 해득한 자로서 합당한 생활을 할 수 있기를 진심으로 기원합니다. 일정한 기력을 지니고 사람답게 신도답게 항상 여호와 하나님을 경외하고 거룩하신 분을 높이 우러러 바라 보며 사는 신도가 되기를 간절히 기원합니다."

2013년 1월 13일 의 수위(水位)를 표시해 둔 것이다.

강 건너 요르단쪽 교회가 보인다.

우리나라 사제와 성도가 현지에서 예배를 드리고 있다.

사도 바울 - 가이사랴 궁, 접견장소 (행 25:23)

헤롯 왕이 한 도시를 건축하여 로마 황제에게 바친 곳, 가이사랴 빌립보. 바울은 이곳 감옥에서 약 2년을 체류하다가 로마로 호송되었다. 그 과정이 사도행전 21장부터 26 장까지 사이에 매우 상세하게 기록되어 있다.

인물들로, 총독(벨릭스- 베스도), 대제사장 아나니아, 변호사 더둘로, 헤롯 아그립바, 버니게 들이 나온다. 당시 유대총독은, 주로 가이사랴에서 머물렀고, 필요한 경우에만 예루살렘에 갔다(행 25: 1, 6).

5. 주 예수 그리스도 이전

선지자 모세

모세의 죽음은 나에게 깊은 생각에 잠기게 한다. 처음에는 모세가 그곳에서 승천하였기에 그의 무덤이 없는 것으로 생각하기도 하였다. 달리로는 그가 느보산에 올라간 후 사라지고 이스라엘 백성들에게 내려 오지 않은 것으로도 생각하였다.

므리바(출애굽기 17장 6,7 절)

므리바 샘은 크지는 아니하였다. 우리 나라 시골 마을의 샘터 정도의 크기였다. 이 작은 물줄기로 200만이나 되는 백성과 짐승을 목마르지 않게 할 수 있었다니 의문이 들기도 하지만, 샘에서 솟아 나오는 물의 양은 눈에 보이는 것에 의하여 측정할 수는 없고, 지하층에 얼마나 많은 물이 저장되어 있느냐에 따라서 평가될 것이다. 물은 맑았고 지금도 계속 흘러 나오고 있었다. 흘러 나오는 물이 길 밖으로 유도되어 작은 수로를 통해 배출되고 있었다.

므리바 샘, 돌 조각은 샘물이 터져 나온 바위를 형상화한 것임

　므리바 샘을 통하여 하나님의 거룩함은 온전하고 세심하게 받들어져야 하며, 하나님의 거룩함을 온전하게 드러내기 위하여서는 전심으로 흠 없이 행하여야 함을 몸서리치게 느끼게 된다. 내가 지금까지 얼마나 함부로 내 몸, 마음, 말을 흐리면서 살아 왔는가를 생각하면 하나님의 이름을 부르는 것, 하나님의 말씀의 근처에 다가가는 것조차 두렵기만 하다.

　하나님이 말씀하셨다. "내가 호렙산에 있는 그 반석 거기서 네 앞에 서리니 너는 그 반석을 치라 그것에서 물이 나오리니 백성이 마시리라 / 모세가 이스라엘 장로들의 목전에서 그대로 행하니라/ 그가 그곳 이름을 맛사 또는 므리바라 불렀으니 이는 이스라엘 자손이 다투었음이요 또는 그들이 여호와를 시험하여 이르기를 여호와께서 우리 중에 계신가 안계신가 하였음이더라"

여기에서는 '너는 그 반석을 치라' 하였다 하고, 모세가 하나님의 말씀대로 '그대로 행하니라' 고 기록되어 있어서 모세가 하나님의 말씀대로 행한 것으로 보이기도 한다.

그런데 민수기(20장 7-13절)에는, 하나님이 모세를 책망하고 징치한 내용으로 기록하고 있다.

여호와께서 모세에게 말씀하여 이르시되 지팡이를 가지고 네 형 아론과 함께 회중을 모으고 그들의 목전에서 너희는 반석에게 명령하여 물을 내라 하라 네가 그 반석이 물을 내게 하여 회중과 그들의 짐승에게 마시게 할지니라/ 모세가 그 명령대로 여호와 앞에서 지팡이를 잡으니라/ 모세와 아론이 회중을 그 반석 앞에 모으고 모세가 그들에게 이르되 반역한 너희여 들으라 우리가 너희를 위하여 이 반석에서 물을 내랴 하고/ 모세가 그의 손을 그의 지팡이로 두 번 치니 물이 많이 솟아 나오므로 회중과 그들의 짐승이 마시니라/ 여호와께서 모세와 아론에게 이르시되 너희가 나를 믿지 아니하고 이스라엘 자손의 목전에서 내 거룩함을 나타내지 아니한 고로 너희는 이 회중을 내가 그들에게 준 땅으로 인도하여 들이지 못하리라 하시니라/ 이스라엘 자손이 여호와와 다투었으므로 이를 므리바 물이라 하니라 여호와께서 그들 중에서 그 거룩함을 나타 내셨더라"

물길이 바깥으로 계속 흘러나가고 있다.

　모세와 이스라엘 백성이 므리바 지역에 도착한 것은 출애굽 한 지 2년쯤 되는 시기였다. 그 이후 이스라엘은 38년 동안 가데스 바네아 광야지역에서 더 나아가지 못하였고, 그 사이에 출애굽 하였던 백성들은 여호수아와 갈렙 등을 제외하고 모세를 포함한 모든 이들이 사망하였던 것이다.

　하나님은 그때나 지금이나 목말라 죽을 수밖에 없을 것 같은 메마른 땅으로만 보이는 광야의 깊숙한 밑바닥으로 마르지 않는 풍부한 물길을 감추어 두고 계셨다. (그런데 이스라엘에서는 므리바 샘의 위치를 다른 고증에 따라 달리 추정한 곳이 있다 한다. 이스라엘 영역 내에 성소를 두려는 작위적인 주장이라고도 하나, 필자로서는 알 수 없다)

느보산

모세는 느보산에 올라가 하나님이 약속한 땅을 요단 강 건너에서 내려 다 보기만하고 그곳에서 죽음을 맞이하였다. 그의 나이 120세였고, 그 나이에도 **"그의 눈이 흐리지 아니하였고 기력이 쇠하지 아니하였더라"** (신명기 34장 7절)고 하였다. . 그는, 시편 90편에 기록하기를 **"우리의 연수가 칠십이요 강건하면 팔십이라도 그 연수의 자랑은 수고와 슬픔 뿐이요 신속히 가니 우리가 날아 가니이다"** 라고 노래 하였다. 어떻게 이렇게 노래할 수 있을까 의아한 생각이 든다. 그가 하나님의 부름을 받은 이후에는 한 인간으로서의 그의 삶은 종식되고 오직 하나님의 명에 따라 하나님과 백성 사이에서 헌신된 삶을 살아갔기 때문일까.

느보산 표지판

그는 80세에 이르러서야 하나님의 부르심을 받고 출애굽의 역사를 담당하였던 것이다. 인간의 생각으로는 이미 노쇠하여 죽음을 기다려야 했지만, 바로 그 때부터 하나님의 명령을 따라 사역하였고 죽을 때에도 눈이 흐리지 아니하였고 기력이 쇠하지 아니하였다 했으니 놀랍기만 하다.

느보산은 우리들 성지 순례의 첫 번째 방문지였다. 평소에 느보산과 모세에 대하여 특별한 생각을 품고 있었는데, 첫 번째 방문지가 되어 몹시도 마음이 설레였다.

산정(山頂)에는 바람이 몹시도 불었다. 나무들이 휘어지면서 시달리고 있었다. 중절모가 날아가 버릴 것 같아 벗어서 들고 다녔다. 좌측으로 멀리 사해가 보였고, 우측은 크고 낮은 구릉으로 된 황무지였다. 날이 좋으면 여리고와 예루살렘 까지도 볼 수 있다고 한다. 아주 큰 바위는 아니나 한 아름씩은 되는 크기의 돌덩이들이 널려 있다. 무너져 버린 건축자재로 보인다.

느보산에서 내려다 보는 산지, 광야

느보산 정상에 모세 기념교회가 세워져 있다. 지진 등으로 몇 차례나 무너진 것을 다시 세우고 또 세운 것이라 한다. 교회 안에 들어 가니 문 입구에서 제단까지 양 옆에 일곱개 씩의 돌기둥이 배열되어 있다. 중간쯤 되는 바닥에 석곽(石槨)이 있고 유리바닥으로 관찰할 수 있게 하였다. 이 터를 출토하면서 발견된 모자이크가 벽으로 구분된 공간의 다른 벽에 부착시켜 놓았다.

모세는 이 곳에서 소천하였다. 여호와 하나님은 모세로 하여금 가나안 땅에 들어가는 것을 허용하지 아니하시고 눈으로 보게만 하였다. 모세처럼 여호와 하나님의 명령을 직접 받는다 할지라도 그 명령대로 실행하기란 참으로 어려운 일이다. 인간된 생각으로

그만하면 충분하게 여긴다 할지라도 하나님 보시기에는 영 틀렸다는 경우도 없지 않기 때문이다.

신명기 34장 1-8절은 모세의 최후와 장례식을 이렇게 기록하고 있다.

"모세가 모압 평지에서 느보 산에 올라가 여리고 맞은 편 비스가 산 꼭대기에 이르러 여호와께서 길르앗 온 땅을 단까지 보이시고 / 또 온 납달리와 에브라임과 므낫세의 땅과 서해까지의 유다 온 땅과/ 네겝과 종려나무의 성읍 여리고 골짜기 평지를 소알까지 보이시고/ 여호와께서 그에게 이르시되 이는 내가 아브라함과 이삭과 야곱에게 맹세하여 그의 후손에게 주리라 한 땅이라 내가 네 눈으로 보게 하였거니와 너는 그리로 건너가지 못하리라 하시매/ 이에 여호와의 종 모세가 여호와의 말씀대로 모압 땅에서 죽어 / 벳브올 맞은 편 모압 땅에 있는 골짜기에 장사되었고 오늘까지 그의 묻힌 곳을 아는 자가 없느니라/ 모세가 죽을 때 나이 백이십 세 였으나 그의 눈이 흐리지 아니하였고 기력이 쇠하지 아니하였더라/ 이스라엘 자손이 모압 평지에서 모세를 위하여 애곡하는 기간이 끝나도록 사실일을 애곡하였더라"

모세의 죽음에 관하여는 이상하게 평상시에 내 마음에 맺혔던 바가 커서 관련된 성경말씀을 거의 모두 옮겨 보았다.

느보산에 바람이 세차다. 좌측에 멀리 사해, 우측에 황무지인 높고 낮은 구릉, 바람이 이렇게나 세찬데도 아름다운 꽃들은 여기저기 피어나 있다. 소나무는 가늘고 휘어져 있다. 우리나라에서처럼 의젓하지 못하다.

2000년도에 교황 요한 바오로 2세가 이스라엘을 방문하여 이곳 느보산을 순방하였다. 기념식수를 하였으며, 기념비도 세워졌다. 이탈리아에서 조각해서 보낸 것이라 한다. 교회 바깥에 모세가 광야에서 들었던 놋뱀 조각 이 설치되어 있다. 교회 아랫 쪽에 작은 박물관이 건립되어 있어서 이 지역의 역사를 알 수 있는 출토물이 전시되어 있다.

구리놋뱀 조각

선지자 엘리야

엘리야 선지자가 얼마나 무섭고 이교도들에 대하여는 오만방자하기까지 한 조롱의 말도 서슴치 않았으며 바알선지자 400명을 참살하도록 백성들을 격동하기까지 하였기에 매우 과격한 모습으로 우리에게 각인되어 있다.

예수님이 변화산에서 말씀을 나누신 분이 모세와 엘리야였다. 모세시대와 예수님시대 사이에서 여호와 하나님을 가장 분명하고 강력하게 선포한 선지자라서 모세와 예수님 사이의 중간쯤의 위치에 있었던 매우 중요한 분으로 인식되고 있다 (유진 피터슨).

그 당시 이스라엘 백성들은 아합-이세벨 치하에서 차츰 여호와 하나님을 잊어가고 바알신에 마음을 빼앗기고 오염되기 시작하였을 때인데 엘리야의 외침은 백성들을 여호와 하나님 편으로 돌아오게 하는 초강력한 것이었다. 예수님은, '엘리야가 먼저 왔으되 사람들이 지각하지 못하였다' 하는 분으로 세례 요한을 지칭하였다. 엘리야와 연관적으로 세례 요한을 다시 주목하지 않을 수 없게 된다.

우리가 갈멜산에 오르는 날(제6일째 1월 12일로 기억된다) 은 바람이 몹시 불고 비도 뿌리는 날이었다. 갈멜산은 해발 550 m 정도, 지중해변으로부터 도상으로 측정한 직선 거리는 약 14 km 이므로 갈멜산과 같은 해발지점에서는 날이 밝으면 멀리 지중해를 뚜렷하게 바라 볼 수 있는 곳이었다. 그 해변에서 점점이 구름이 떠올라 3년 반 만에 이스라엘에 비가 내리게 하였던 그곳이다.

갈멜산 오르던 길에서 바라다 본 산 중턱 마을 하나가 있었는데, 그곳은 '두루즈' 족이 살고 있다 하였다. 모세의 장인 이드로가 조상인 후손들이다. 이들은 시오니즘 이후 이스라엘 독립전쟁에 협력하는 결단을 내렸기에 이스라엘 정부에서도 마을과 종족의 거주와 생활을 인정하고 보호하고 있다 한다. 기브온 거민들이 여호수아가 인도하던 이스라엘 백성과 화친을 맺고 맹세를 받아 (여호수아 9장) 이스라엘 민족과 공존한 역사와 비슷한 면이 없지 아니하다

갈멜산 교회의 경내에 오른 손에 칼을 든 엘리야 선지자의 무서운 얼굴 동상을 쳐다 보게 된다. 교회의 옥상에 올라가서 해설사의 설명을 들었다. 이범수 해설사는 그곳에서도 성경 (열왕기 상 18장)을 모두 읽어 주었다. 엘리야를 설명하여 여행객들에게 알리려 하는 열의가 참 대단하였다.

옥상의 바람이 세차서 몸을 가누기도 힘들고 사진을 찍기도 어려웠기에 오래 머무르지는 못하였다. 서편으로 지중해, 동편으로 바알선지자들을 도륙하였다는 들판과 기손강이 내려다 보인다. 그곳 1층 기념품점에서 맹렬한 분노를 표출하는 조그만 엘리야 상을 샀다.

분노한 엘리야 선지자 동상

갈멜산은 이스라엘 북부에 위치하고 있어서, 나무들이 빽빽이 들어차 있는 푸르른 숲 지대였다. 열대의 숲처럼 거목은 아니었으나 풍성한 숲이었다. 그 갈멜산이며 가이사랴 지역이 이스라엘 산림의 60 % 이상을 차지한다고 한다.

텔 므깃도에서

　므깃도는 군사적 요충지라 한다. 이 지역을 확보하는 것이 공격 또는 방어의 관건이 되었다 한다. 아합왕은 이곳에 수로를 만들고 곡식창고를 두어 지켜 나갔다. 므깃도 성에 오르기 전 전시관에서 므깃도에 대한 설명을 들었다.

　고대에는, 정복자가 한 도시를 점령하게 되면 그 이전의 주택 등을 모두 흙으로 덮어 버리고 그 위에 새로운 도시를 건설하였다고 한다. 그렇게 쌓이고 쌓인 흙이 언덕이 되었는데, '텔(tel)' 이란 바로 그렇게 생긴 언덕을 지칭한다는 것이다. 텔 므깃도는 여섯 개의 덮인 층이 있다고 한다. 층층이 발굴해 나가면 각기 다른 시대의 도시의 모습을 확인해 나갈 수 있을 것이다.

　'텔 아비브' '텔 단'도 마찬가지 방식으로 생긴 이름이다. '텔 아비브'가 '봄의 언덕' 이라는 뜻이라 하여 참 아름다운 이름이구나 하고 생각하였는데, 그와 다른 역사적 의미가 숨어 있었다. '텔 아비브의 언덕 층은 텔 므깃도처럼 여러 층이 아니고 한 개층이라 하니, 텔 므깃도 만큼 시련을 겪은 지역은 아닌 것이다. 므깃도의 산성으로 오르는 길도 그날 나의 몸상태로는 힘겨워 일행이 돌아 오기까지 전시관과 그 주변에서 기다렸다.

요아스 왕은 이집트와의 전쟁에서 이곳에서 전사하였다(왕하 23:29). 그는 예레미야 선지자, 힐기야 제사장 등과 함께 선왕 므낫세-아몬 치하에서 근 60년 동안 바알신에 극도로 오염된 유대 땅을 혁명적으로 정화시켰던 왕이었다.

가이사랴 빌립보, 단 지역

단 숲에 들어 갔을 때, 북 이스라엘의 처음 왕 여로보암이 지었다는 산당을 보았다. 이 산당은 북 이스라엘 왕국이 유다와 예루살렘을 이탈하는 첫 징표와도 같다. 규모는 크지 않았다. 이 산당은 군사적 보호를 받았다. 산당을 지키기 위하여 건립된 파수문의 유적이 남아 있었다.

여로보암 산당의 유적 규모가 작다

단 숲이 풍성하고 물의 근원을 품고 있기에, 숲을 나서면 밖으로 흘러 가는 물이 무척 맑고 아름답다. 판(Pan)신 동굴 앞으로 흘러 가는 물길은 폭이 넓었고, 그보다 더 아래로 내려가면 바니아스 폭포가 하얀 거품을 일으키며 떨어진다. (폭포 있는 데까지 가파른 내리막길이어서 나는 그곳까지 내려가지 못하였고, 일행들은 다녀 왔다. 나는 전망대 위치에서 사방을 완상하였을 뿐이다. 바니아스 (Banias 는 단의 다른 이름) 폭포는 대표적인 명승(名勝) 관광지여서 엽서에 실려 있다. 나는 계곡 아래 숲과 바위에 가려진 폭포의 물소리를 들으며 엽서의 풍경을 상상해 본 것이다.

6. 주 예수 그리스도 이후

맛사다

알렌비 국경사무소를 통과한 후 우리를 새로 안내하게 된 해설사 이범수씨가, 국경을 통과한 후 곧바로 남하하여 왼쪽으로는 사해, 오른 쪽으로는 광야를 바라볼 수 있는 도로를 달려 맨 먼저 안내한 곳이 맛사다이다. 맛사다는 맛사다항전으로 이스라엘 국민들의 성지로 받들어지고 있는 것 같다. 맛사다는 6일전쟁 이후 이스라엘의 관리하에 들어 왔다. 그 전에는 예루살렘 일원을 제외한 나머지 이스라엘 남부지역도 요르단에 속해 있었다. 예수님의 제자 가운데에도 열혈당원(셀롯 zealot 이라 하는 시몬, 눅 6:15, 일설에는 가룟 사람 유다도 셀롯당이 아니었던가 하기도 한다)이 있었고, 열혈당원 쪽에서 이스라엘의 주권의 회복을 위하여 예수님께 걸었던 기대가 매우 컸으나, 천국을 선포하시는 예수님과 이스라엘의 외세로부터의 독립을 위한 줄기찬 투쟁을 하는 애국애족 집단과는 그 성격이 달랐다. 예수님은 당시의 국제정세를 초월하는 가르침을 베풀었지 이스라엘의 한 지도자로서 로마에 대응하는 역할은 거의 맡지 아니하였다.

예수님은 오늘날의 복잡한 현대사 속에서는 어떻게 하셨을까.

106

그분이 개입한다면 어떤 방식, 어떤 모습으로 개입하실까. 우리가 생각지도 못하는 단순 명쾌한 방법을 제시할 것 같다. 열방이 자기중심으로 애국애족하는 운동이 곧 주님의 뜻에 부합하는 것이 될 수 있을까 의문도 든다.

맛사다는 헤롯대왕이 만든 궁전 중의 하나이다. 그가 왕국의 최후의 피난처 내지 방어요새로 미리 축조한 것이다. 그의 정치적인 행보에는 늘 위험요인이 있었기 때문에 그가 로마의 지지를 받으려고 로마에 가 있는 동안에 왕비, 자녀 등이 위해를 받을 수도 있다고 생각하여 이곳 난공불락의 요새에 기거하게 하였다. 전면의 높이가 300 m, 후면의 높이가 90 m 나 되는 천혜의 요새이다. 이 궁전을 축조하는 것은 백성들에게 가혹한 부역을 요구하는 대역사(大役事) 중의 하나였었다. 백성들은 헤롯왕의 이와 같은 구상은 미친 사람이나 하는 짓으로 보였다. 그래서 헤롯왕이 죽었을 때에 미친 왕이 죽었다고 말들을 하였다(기재하였다) 한다. 그가 노심초사하면서 지었다는 이 궁전에 정작 본인은 한번도 행차하지 아니하였다 한다.

그런데, 이 요새궁전이, AD 70년경에 , 이스라엘의 열혈당원들이 로마군에 대항하는 최후의 항전지가 되었던 것이다. 이 요새에는 물길이 들어 오고 있었으며, 식량 등을 저장할 수 있는 많은 비축창고가 있어서, 마사다 항전기에 결사대 및 권속들이 근 3년을 견디며 사용할 수 있는 식량 등이 있었으며, 이 요새가 함락된 이후에도 창고에는 비축식량이 남아 있었다고 한다.

맛사다 요새 안의 창고 터

　맛사다는 국립공원으로 지정되어 있다. 공원이라기보다는 유적지라 해야 할 것 같다. 나무도 풀도 그늘도 없는 곳이다.

위의 모형도에 의하여 맛사다의 전경(全景)을 알 수 있다. 위의 궁전 건축이 보이는 쪽은 절벽이 가팔라 공략하기 어렵다. 로마군은 전면과 비교하여 고도가 낮은 북쪽 뒤편으로 토성을 쌓아 최종적인 공격을 하고 함락을 시도하는 계획을 세웠다.

당시 무기로 사용하던 석포환(石砲丸) 들이다.

마사다에서 사용하던 항아리
(서있는 이가 해설사 이범수)

마사다에서 출토된 동전
(헤롯시대 주조, 렙돈)들이다.
새로 발행한 우리나라 10원짜리
동전만하다.

　　맛사다에서 내려다본 사해. 사해의 수심이 얕아져 남북으로 둘로 나뉘어진 부
분이 잘 보인다. 바닥이 드러난 윗부분은 사해(Dead Sea) 라고 계속 불리워지나
아랫부분은 달리 부르는 것 같다. Pond 로.

110

사해 너머로 보이는 요르단 산지

당시 무기로 사용하던 석포환. 전시된 것보다 컸다.

מגדל קולומבריום (שובך יונים)

ולשם מה גידל המלך יונים על ההר?

שלושה מגדלי קולומבריום היו במצדה. זה שלפנינו, שימש כבית גידול ליונים בקומת
הקרקע וכמצפית ותצפית ושמירה בקומה העליונה. בחדר היונים היו בקירות כמה מאות
גומחות ועירור, שבהן קיננו היונים. הן סיפקו בשר לתושבי ההר ולאורחים ומן הסתם,
גם דשן לגידולים חקלאיים.

COLUMBARIUM TOWER (dovecot)

Why did the king raise doves on the mountain?

There were three columbarium towers on Masada. The one in front of us was used
as a dovecot in its ground floor, and as a watchtower in its upper story. In the walls
of the dovecot are several hundred niches in which the doves roosted. They supplied
meat for Masada's inhabitants and guests, and probably also fertilizer for
agricultural crops.

인공적으로 만든 비둘기 서식처. 맛사다에 세 군데 있었다고 설명하고 있다.
비둘기를 서식하게 하고, 한편 비둘기를 잡아 식용하였다.

맛 사다 요새에 세운 교회의 터. 그리스정교회 계통이다.

쿰란

우리는 사해필사본(死海筆寫本)이 발견된 쿰란 지역에 관한 이야기를 전해 듣고 그 이야기만으로도 경탄하고 감동하지 않을 수 없었다. 맛사다 요새에서 북쪽으로 올라 오면서 쿰란에 들렸다.

쿰란의 동굴을 돌아 보기 전에 7분짜리 소개영상을 보았다. 해설문이 한국어로 녹음되어 있는 것이 있어서 편하고 완전하게 들을 수 있었다.

그 내용은 쿰란지역으로 에세네 파의 제사장과 일단의 무리가 옮겨 오게 된 경위를 소개한 것이다. 예루살렘 성전의 대제사장 순번에 어느 해 에세네 파가 해당되는데도 사두개 파의 정치력에 밀려 (희생되어) 제사장 직에서 배제되자 예루살렘 성전이 진정으로 하나님 보시기에 올바른 제단인가에 대하여 의혹과 회의를 느껴 모든 것 - 직분, 가정 등 - 을 버리고 , 이곳으로 옮겨 와 소수정예 공동체로서 경건한 생활을 하였다는 것.

이곳의 규율은 매우 엄격하였고, 조금이라도 허물이 있으면 벌점을 받았고, 애초의 서약을 위배하면 떠나게 하였다.

이들의 경건생활 가운데 경전(구약)을 양피지에 필사하는 작업이 있는데, 오늘날 A4 용지만한 크기에 작은 글씨를 써 내려 가는 것이다. 경전 가운데 '야훼'의 이름이 나오면 필사하는 것을 멈추고 그 이름을 쓰기 전에 그곳에 시설된 정결탕(정결탕이 여럿 있었다) 목욕재계하고 나와서 가장 깨끗한 몸으로 야훼의 이름을 기록하였다 한다. 만약 한 문장에 야훼 이름이 거듭 나오면 그때마다 앞서서 목욕재계 하였다 한다.

그렇게 해서 제작된 두루마리 사본인데, 로마군이 이 지역으로 진출하여 쿰란과 같은 공동체며 결사항전 태세를 갖춘 마사다 요새를 도륙하리라는 소식이 전하여 오자 두루마리 사본을 미리 여러 동굴에 은닉해 두었다. 그들은 무력집단이 아니었으므로 로마군에 의하여 손쉽게 제압되고 모조리 처형되고 말았을 것이다.

그들이 유대항아리에 넣어 여러 동굴에 은닉한 필사본은 1930년대에 한 베드윈 목동(이슬람 교도였을 것이다) 에 의하여 발견되었고, 부근 여러 동굴을 탐색한 결과 11 개의 동굴에서 찾아낼 수 있었다. 필사본은 구약 39 권 가운데 에스더서를 제외하고 모두 발견할 수 있었다 한다.

이 필사본이 베드윈 목동에 의하여 발견되기 전에도 누군가에

의하여 미리 수집되어 은닉(유실)되었을 가능성도 없지 않았던 것
으로 추측되고, 베드윈 목동에 의하여 발견된 이후에는 더욱 여러
손들에 의하여 탈취되기도 하였다 한다.

필사본이 한 부 밖에 없었겠느냐, 복본이 있지 않았겠느냐는 질
문에 대하여 해설사는 한 부 (두루마리 부피가 매우 크므로) 라고 하
는 듯 답했으나 확신은 없어 보였다.

사해필사본은 그 때까지 어느 정도 오류(가능성)의 의심을 받기
도 한 구약의 경전들의 원본성(原本性)과 일치성(一致性)을 확인시
켜 주었다 한다. 모세 오경부터의 경전은 구전(口傳)되어 왔었고,
회당에는 경전을 외워서 이야기해 주는 이 (tana)가 있었다 한다.
쿰란의 필사본이 가진 의의가 막중 하고 그것들이 20세기에 발견
되었다는 것에도 하나님의 뜻이 담겨 있을 것 같다. 쿰란 필사본
발견 이전에 어떤 것이 정경(正經)인지 논란이 있어 왔었고, '사마
리아 5경'에는 십계명을 그리심 산에서 받은 것으로 왜곡되어 있
다고까지 한다. 후대에 이르러 국가, 왕, 민족의 목적에 따라 개작
되는 사실(史實)이 많았음을 알 수 있다.

쿰란공동체, 맛사다 등 역사는 역사가 요세푸스 저(著) 유대의
역사에 기록되어 있다고 한다. 그 존재를 확인하지 못하다가 필사

본의 발견으로 비로소 확인되었다고 한다. (요세푸스는 AD 67년 갈릴리 지방 요타파타 요새에서 로마의 베스파시아누스 장군에 대항하여 항전한 이스라엘의 장수이자 지도자였으나, 끝내는 이스라엘을 배신하고 로마에 투항하고 귀의하여 로마 귀족의 보호를 받으면서 안전하고 호화롭게 살면서 방대한 저술에 몰두한 희대의 역사적 배신자로 기억되고 있다)

쿰란을 소개하는 영상 가운데는 어떤 이가 제사장에게, '세례 요한이 처형되었다는데, 그 요한은 이 공동체에서 수련하다가 스스로 나간 그 요한 형제가 아니겠습니까?' 라고 지도자인 제사장에게 질문하자, 제사장으로부터, '쓸 데 없는 일에 관심을 갖지 말고 이 공동체의 경건생활에 전념하라' 는 답변(꾸중)을 들었고, 그 질문을 한 것으로 인해 벌점까지 받은 것으로 나온다. 이 공동체에서는 세례 요한 조차 최선의 경건생활에서 이탈한 것으로 평가하고 세례 요한의 처형에조차 관여하지 않으려 하는 고고함을 견지하려 하였다는 느낌을 받았다. (그러나 이곳에서도 세례 요한의 사역을 높이 평가하고 명예롭게 여기는 다른 견해도 있다 한다)

쿰란 공동체와 같은 철저한 경건생활에 관한 이야기를 들으면 찬탄하지 않을 수 없다. 그들의 경건함에 비추어 나 자신을 돌아보면 너저분하고 무질서한 신앙생활을 하고 있다는 고백을 하지

117

않을 수 없다. 나를 부끄럽게 하는 경건의 거울이다.

쿰란공동체가 모여 식사하고 문답하던 곳, 정결탕 등을 돌아 보았다. 그 황무지에 솟아 있는 암산의 요새에 깨끗한 물은 어떻게 공급되었는가? 신비한 조화였다. 우리의 생명을 보존할 수 있게 하는 물은 광야의 깊은 속을 흐르고 있을 뿐 아니라 그 물길을 쿰란이나 맛사다 같은 지역에서 끌어 올릴 수 있게 하는 지혜도 백성들에게 허락하신 여호와 하나님이 아니신가 하는 생각을 하게 한다.

쿰란 유적지에 식당, 기념품점, 사해특가점(Dead Sea Premier Shop) 등이 있었다. 그곳에서 점심식사를 하였고, 기념품도 몇 점 샀다. 식당이 들어 있는 건물은 지역공동체(키부츠)에서 운영하고 있다.

마다바, 성 죠지교회

마다바는 지도상에 '메드바' 라고도 표기되어 있다. 느보산에서 가까운 곳이다. 우리 일행이 요르단에 도착하여 느보산 다음으로 방문한 곳이 성 죠지교회이다.

마케루스 요새

마케루스 요새(헤롯궁)는, 주차장에서 한참을 내려 갔다가 다시 올라가야 거기에 이른다. 관광자원으로 잘 관리되고 있지는 못하다. 우리 차량을 보고 나왔음인지 양탄자나 솥을 파는 행상이 한 사람 나와 있었다. 커피 한 잔을 마실 데가 없나 두리번거렸으나 찾지 못하였고, 천막 안으로 들어가 바람이나 피하려 하였는데, 그곳에 주민 몇 사람이 있어서 커피를 마실 수 있느냐 했더니 주

전자에 물을 끓여 커피 한 잔을 내 주었다. 어찌나 쓰게 탔는지 도 저히 마실 수 없어서 마시는 시늉만 하였다. 대금을 지불한 커피 였다.

나는 바람이 세찬 오르내리막길을 주어진 시간 내에 다녀 올 엄 두가 나지 않아 주차장 주변을 둘러 보는데 머물렀다. 가까이 동 굴도 있어서 그 내부를 살펴 보았다. 비바람을 피할 수 있는 곳이 었다. 1월인데도 푸른 풀이 돋아나 있었기에 만져 보니 잎에 가시 가 돋쳐 있었다. 마케루스 요새를 바라보면서 황야를 실감할 수 있었다. 일행은 그곳까지 다녀 왔는데, 폐허와도 같았다 한다. 세 찬 바람 속에서 일행들이 머리를 감싸고 힘들게 걸어 오는 사진을 보았다.

아르논 골짜기

해설사가 가리키는 대로 산 아래 아르논 골짜기를 멀리서 바라 보았다. 물이 흐르지는 않는 골짜기인데, 높은 댐이 시설되어 있 었다. 홍수가 나면 물길이 사정없이 흐르기 때문에 이런 물을 제 어하고 담수 하려고 설치하였다 한다.

120

성 죠지교회

　우리 일행이 요르단에 도착하여 처음 방문한 곳이 마다바에 있는 성 죠지교회이다. 마다바는 암만에서 남쪽으로 30km 떨어진 곳이다. 이 지역은 4-7세기 비잔틴시대에 번성하였으나, 그 이후 계속 쇠퇴하여, 1850년경에는 소수의 주민이 살고 있는 폐허나 다름없었다. 그 즈음 그리스정교회 신도들이 터키정부로부터 이곳에 이주하여 살도록 허가를 받아 옛 교회 터에서 1884년 경이로운 모자이크 지도를 발견하였다.

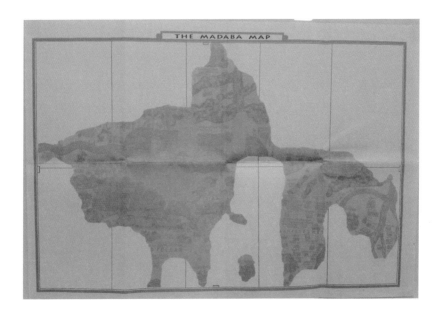

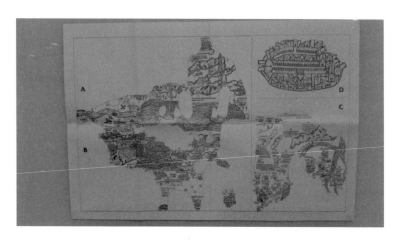

　완전하지는 못하지만, 이 모자이크 지도가 그곳 성 죠지교회의
바닥에 복원되었다. 이 지도는 매우 광범위한 지역을 그리고 있
다. 멀리 이집트, 예루살렘, 아라비아 까지 등.

　이 지도 안에는 나를 깜짝 놀라게 하는 처소가 여러 곳 표기되
어 있었다. 세례 요한의 사역지 뿐 아니라 아브라함의 조카 롯의
거주지, 소알 지역, 선지자 엘리사의 사역지, 아닷 타작마당(창
50:10) 요셉의 무덤(수:24:32) ,야곱의 우물(요 4:6), 단지파의 처음
정착지역(수 19:40-46), 등등이 상세히 기록되어 있어서, 깊은 관심
을 갖고 듣지 않을 수 없었다.

　그 내용을 정확하게 알기 위하여 , 그곳에서 Herbert Donner 지
은 , 『The Mosaic Map of Madaba』라는 소책자를 구입하였다.

마다바 마을은 크지도 않고 낙후된 기미가 역연한 곳이었고, 관광상품도 빈약하게 느껴졌다. 작은 기념품 가게가 모여 있었으며, 수제 모자이크 제품을 직접 만들고 있었다. 섬세하게 정성을 들여 많은 시간을 쏟아 만드는 제품이라 가격은 높은 편이었다.

헬레나

콘스탄티누스 대제의 모후(母后)의 중동지역의 성지 순례. 그녀의 행적이 곳곳에 남아 있다. 그녀의 신앙은 어떠한 것이었을까를 추측하여 본다. 나는 그녀에 대하여 아는 것이 하나도 없다. 다음의 인용문이 참고가 될 것 같다. 앞으로 연구하여 볼 일이다.

"독실한 기독교 신자인 어머니 '헬레나 아우구스타'의 영향 때문이다. 콘스탄티누스의 아버지 콘스탄티우스는 소아시아 지방에서 장군으로 복무하던 중 술집 하녀에게서 콘스탄티누스를 얻었다. 하지만 콘스탄티우스는 디오클레티아누스 황제의 신임을 얻어 고속승진을 통해 부(副)황제까지 올라 갔다. 당시 부황제는 정(正)황제의 딸과 결혼해 '장인-사위'의 관계를 맺음으로써 결속력을 강화했다. 때문에 콘스탄티우스는 어쩔 수 없이 아내를 버리고 황제의 딸과 결혼했다. 이때 버림을 받은 헬레나는 훗날 효자 아들 콘스탄티누스가 황제가 되면서 궁으로 돌아 온다."

(『세 종교 이야기』261 쪽)

"예수님이 정확하게 어디에서 탄생하셨는지 우리는 모른다. 다만 그 마을이 베들레헴이라는 사실만 알 뿐이다. 1700년 전에 오래된 동굴 하나가 선택되어 (아마도 로마 황제 콘스탄티누스의 어머니인 헬레나가 택했을 것이다) 마리아가 우리의 구세주를 낳은 장소로 지정되었다. 그 위에 어색한 외양의 교회 하나가 지어졌는데 성소라기보다는 오히려 요새에 가까워 보이는 교회였다. 그 위치는 기껏해야 추정된 장소일 뿐이지만 해마다 수천 명의 사람들이 몰려 와 동굴 안으로 들어가 본다. 어떤 사람들은 거기에서 예배를 드리기도 한다" (유진 피터슨, 『그 길을 걸으라』, 350 쪽)

헬레나가 신앙심이 매우 깊은 인물일 터이나 그녀로 인하여 작위적 추정적인 판단이나 결정이 고착되어 버린 것이 많을 것이라는 시각의 글이다.

로마에는 '계단교회'라는 곳이 있는데, 헬레나 순방 시에 로마로 가져 간 개당 40-60 kg 의 계단석을 기념하여 만든 교회라 한다.

V. 여행기

1. 두바이

우리가 서울을 떠나 중간에 기착한 곳이 아랍에미레이트의 한 부족국가인 두바이이다. 두바이는 사막지역 부족국가의 새로운 꿈을 실현하기 위하여 애쓰고 있었다. 세계 교통망의 중심적 역할을 자임하고 추진하고 있는데 지리적 위치로 보아 타당하게 생각되었다. 현재 154개국을 갈 수 있는 항공망이 조성되었다 한다. 두바이 공항을 이착륙하는 항공사가 무척 많았다.

거대한 쇼핑몰에는 선진국물산의 브랜드 있는 제품들이 빠짐없이 입점한 듯하고, 매우 화려한 복합시장을 연출하고 있었다. 사람들도 북적였다. 두바이에는 자국민이 14 %, 외국인이 86 % 거주하고 있다. 두바이 몰에 전통복장인 칸두라를 입은 남성과 복수의 부인들이 함께 쇼핑하는 모습들을 종종 볼 수 있었다. 상당히 큰 인공연못을 이용한 분수쇼는 30분 간격으로 약 3분씩 공연되었다. 20:00 경에는 그 연못 주위에 사람들이 발디딜 틈도 없이 모여들고 있었다. 파이프 오르간 처럼 연달아 고르게 치솟기도 하고, 있는 힘을 다해 공중으로 쏘아 올리기도 한다. 연못 주위의 건물에 EMAAR 라는 네온 글씨가 은성해서 두바이와 무슨 관련이 있는지 물었더니 부동산개발회사라 하였다.

아랍에미레이트의 국가들은 역내간의 경쟁이 치열하다고 한다. 중심부족은 아부다비족인데, 그곳이 석유생산지이고, 두바이는 그렇지 못하기 때문에 힘의 차이를 이겨 내기 어렵지만, 아부다비에서도 새로운 아랍지역을 만들어 나가려는 두바이에 밀리지 않도록 가시적인 노력, 예컨대 더 높은 건물을 지으려는 경쟁이 진행되고 있다 한다.

현란한 분수대

바스 칼리파 야경

두바이에서 요르단까지 아라비아 사막을 가로질러 가는 비행기 안에서 내려 다 보인 풍경인데 거뭇한 둥그런 원형 설치물이 무엇인지 물어 보지를 못하였다.

GCC nationals

공항 출입국 심사대에는 GCC nationals 라 표시된 줄이 있다. 어떤 의미인지는 확인을 못했으나, 안내인의 말로는, 아랍 형제국 국적을 가진 이들을 특별히 우대하는 줄이라 하였다.

페트라 가는 길 (제3일 째, 1월 9일)

멀리서 바라 보이는 페트라산

이 곳을 성지라고 생각하지는 않는다. 암만에서 300 km 거리로 자동차로 세 시간 반 정도를 내려가야 하는 곳이다. 암만- 페트라 도로는 '왕의 대로'와 연관이 있고, 고래로 대상(帶商)들이 이용한 통로라 한다.

주행거리가 길어 도로 주변의 요르단을 어느 정도 살펴 볼 수 있었다. 암만이 해발 800 미터 정도이고 페트라도 해발 900미터 정도이니 계속하여 고지대를 주행하지 않았느냐 생각된다. 밤사이 비가 내렸고 아침에도 비가 조금 내렸다. 하늘을 덮은 구름은 하늘가만 빼고 계속 덮여 있었다. 바람이 강하게 부는 것 같다. 도로 주위의 밭은 자갈 투성이였다, 밀을 심을 시기여서 파종이 되었다고 하였다. 농장도 잘 가꾸어진 번듯한 농장은 도로연변에서는 보이지 않았다.

'돌'의 고장이라 함은 곧 주택 등 건물을 대부분 석재를 사용하여 축조한다는 뜻으로 이해한다. 집의 형태가 모두 비슷비슷하고 돌과 먼지의 엷고 흐린 빛으로 윤곽이 뚜렷하지 않아 계속 보는 것이 지루하기조차 하였다. 대추야자 나무도 기온 때문인지 나무 크기가 그리 높지 않았다. 밭 가에는 비닐 조각들이 흩어져 있는 곳이 많아 어지럽게 보였다.

길가의 도시도 아름답다고 여겨지지 않았고, 주민들에게 부(富)를 가져올만한 산업도 눈에 뜨이지 않았다. 외견상 이 나라에서는 부를 이룰 만한 방책이 없어 보였다. 중동지역 하면 떠올리는 뚜렷한 산유국도 아니다. 전력(電力)부족국이라 한다. 인구도 얼마 되지 않았지만, 근래는 이주민 (난민)들이 많이 몰려 들었다.

그런데, 이 나라가 지켜지지 않으면 서방의 지배영향권이 유지되지 않을 것이기 때문에 미국의 계속적인 지원이 막대(?)하고 사우디 등 친 서방국가에서 경유 등을 원조한다고 한다. 요르단 왕비가 미국인 출신이고, 국민들로부터 신망을 유지하고 있어 친서방 국가로 존립하고 있다는 것이다. 국민소득이 5천불 정도라 하는데 이 나라가 어떻게 소생하고 발전할 수 있을 것인가에 대하여는 답답한 생각마저 들었다. (나의 이와 같은 생각은 매우 잘못 돌아간 것 같다고 자성하였다. 누가 이땅의 국민과 미래를 함부로 예단할 수 있다는 말인가)

우리 한전(KETC)에서 발전소를 설치하고 관리하여 전력문제에 관여하고 있다고 한다. 플랜트 수출을 하고 있는 것이다.

지인 서재삼 씨(옛 선정, 지금 SK 중동지역, 불란서 지사장을 지냈음) 가 2,3년 전에 극찬한 곳인데 왜 그토록 극찬하였는지 당시 묻지는 않았었다. 그가 페트라를 말하면서 꿈꾸는 듯한 표정을 지었기 때문이었다. 그곳에 도착하기 직전 조망지점에서 멀리 바라다보는 페트라산은 붉은 빛을 띤 암석산으로서 은은하고 신령한 기운을 멀리까지 내뿜고 있었다.

페트라로 진입하기 전에 페트라 산경(山景)이 멀리서 한눈에 들어오는 촬영지점이 있어서 잠시 내려 사진을 찍었다. 멀리 바라보는 페트라는 붉은 빛이 감도는 명산의 자태가 약여(躍如)하였다. 서재삼 씨가 왜 이곳을 꼭 보아야 한다고 하였는지 금세 알 수 있었다.

점심식사는 페트라로 들어 가기 직전의 현지식당에서 하였다. 이곳은 어디나 작은 뷔페식이고 소박하지만 먹을 만하였다.

페트라는 영화 인디아나 죤스, 아라비아의 로렌스, 마션 등이 촬영된 곳이라 한다.

페트라산

안내 레이카트씨와 필자

페트라 보다 더 아래쪽에 있으나 페트라로 진입하기 전에 거치는 페트라 가까운 곳에 므리바 샘이 있다(순례기 모세부분에서 기록). 유대의 역사가 전개된 곳은 메소포타미아 등 중동지역 일대이고, 이스라엘, 요르단, 시리아는 한 묶음으로 바라보아야 한다는 생각이 저절로 들었다.

이곳은 나마테아 왕국의 지역이며, B.C. 10 세기 돌판에 새긴 문자가 발견되었다 . 이곳은 에돔 (이스마엘) 후손들이 거주하였다는 말도 들린다. 이곳은 그리스와 로마의 영향도 받았다. 이 나라는 12세기 말 십자군이 내려 오기까지 지속되었다. 그 후 폐허로 변하였고 잊혀졌다가 1812. 8. 21. 영국 외무부에 의하여 아프리카 진출을 예비하기 위하여 파견된 스위스의 젊은 탐험가 요한 루드비히 부르크하르트 (Johann Ludwig Bruckhart) 에 의하여 재발견된 곳이다.

팜플렛에는 이렇게 소개되어 있다.

"페트라가 정확하게 언제 건축되었는지는 밝혀지지 않았다. 하지만 페트라는 BC 1 세기부터 유향과 몰약, 각종 향신료 무역을 통해 얻는 풍요로움을 바탕으로 나바티안 왕국의 수도로서 번영하기 시작했다. 그 후 페트라는 로마제국에 합병되었으며 AD 363년에 일어난 대지진으로 도시가 파괴되기 전 AD 4세기까지 지속적으로 번영했다. 지진 후 무역로에 큰 변화가 일어 났고 이 도시가 황폐해지는 원인이 되었다. AD 7세기 중반 페트라는 완전히 폐허가 되었으며, 일부 베드윈 족들만 거주하는 잊혀진 도시가 되어 버렸다"

산 전체가 찬탄할 만한 신비하기 그지 없는 영산(靈山)이었다. (서울근교의 우리 북한산 도봉산도 우리에게는 이런 영산과 같다고 생각한다. 우리보다 외국인의 눈에 더 그렇게 비칠 것 같다) 사암층의 바위, 절벽들은 비바람에 의하여 조각된 듯 산 전체가 웅장한 하나의 조각품이었다.

페트라계곡을 관광하는 통로가 넷이라는데 나는 그 중의 짧은 통로를 산책하였다. 나의 걸음이 몹시 느리고 중간 중간에 쉬었다 가지 않으면 안되기 때문에 일행들은 훨씬 더 앞장 서서 걸어들어 갔고 , 현지 안내인 (Majdi Wreikat, 55세) 이 처음부터 돌아올 때까지 동행하여 주었으며, 그와 여러 이야기를 나누었다.

그는 짐승의 형상이 뚜렷한 부분, 무화과 나무 등, 그들이 섬기던 신상(神像), 그들이 잘 만들어 물 문제를 해결하여 나가던 수로(水路), 소규모의 댐 등을 자세히 소개하여 주었다.

약 두 시간 정도를 함께 쉬엄쉬엄 산책하였는데, 우리가 다녀 온 곳은 사원 겸 묘지인 곳, 그리고 원형극장이 있다는 곳 가까이 갔다가 시간이 되어 되돌아 왔다. 우리에게 허용된 시간이 두 시간 반 정도였다. 한 시간 정도를 걷고 다시 한 시간 정도를 걸어서 되돌아 온 것이다. 사원 앞 광장(廣場)에는 우리 기업 '현대'가 설치한 설명판도 있었는데 내용을 제대로 확인하지 못하였다.

그 곳에는 유적으로 볼 만한 곳이 참 많았으므로 몇일 여정으로 돌아 보아야 하는 곳이다. 책자를 보니 제1코스(5마일)에 열세 곳, 제2코스(2.2 마일)에 다섯 곳, 제3코스(1.9 마일)에 네 곳, 제4코스(1.6 마일)에 한 곳의 유적이 표시되어 있는데, 우리는 어느 코스를 다녀 온 것일까?

페트라 입구에는, 말과 마차 등 교통수단이 있었고, 나와 같이 걷는 것이 불편해 보이는 이는, 안팎에서 그것들을 이용하라는 권고를 수없이 많이 들었으나, 나는, '나의 건강을 위하여 (No, thanks. For my health, I will walk)' 라는 답변을 반복하면서, 걷는 것을 고수하였다.

다녀 올 수 있었던 것에 대하여 하나님께 무한히 감사 드렸다.

레이카트 씨에게 사의를 표시하였다. 레이카트 씨는 나에게 묵주 하나를 선물로 주었는데, 한 알을 돌릴 때 'Thanks God (하나님 감사합니다)'라 하고, 또 한 알을 돌릴 때에 'Great God (위대하신, 크고 높으신 하나님)' 이라 외운다고 한다. 나의 감사도 그 두 마디에 모두 함축할 수 있었다. 이슬람의 알라신도, 유대의 여호와 하나님도 같은 분을 지칭하고 있는 것은 분명하지 아니한가. 그런데도 유대교, 기독교, 이슬람교 사이에 경계와 장벽이 들어서고 철천지 원수로 다투는 이유는 도대체 무엇일까.

이 날은 페트라에서 암만으로 돌아 오는 일 외에 다른 일정은 잡을 수 없었다(이날 경유하기로 예정된 세렛골짜기는 설명도 듣지 못한 것 같다)

오후 5시가 지나면 어둠이 내렸다. 생각보다 빨리 어두워지는 것 같다. 제1일에 보았던 서편의 낙조를 또 보았다. 구름 아래로 해의 반쪽 얼굴이 빛을 뿜고 있었다.

가이사랴 빌립보

혜롯 왕가에서 건축하여 로마황제에게 헌정한 도시로, 군 요새가 있고, 해변에 전차경기장, 해수풀장, 목욕탕이 있으며, 원형극장도 있다. 전차경기장의 규모가 어찌나 큰지 이쪽에서 저쪽을 바라보기가 아스라할 정도였다. 당시 사용되던 전차의 모형이 실물크기로 제작되어 전시되고 있었고, 마굿간도 남아 있었다. 지중해의 물결이 세찬 바람에 요동하고 있었다.

혜롯은 로마 주둔군에게 로마와 거의 같은 환경을 만들어 주었다. 대리석 등 건축자재를 해외에서 구입하였다고 한다. 이쪽 지중해 해안은 완만하게 내려 가다가 수심이 뚝 떨어지는 곳이어서 원래 항구가 없던 지역이었는데, 바닷속 흙을 퍼 내어 배가 들어올 수 있도록 선착장을 만들고 방파제를 만들었다. 이곳 등대에는 24시간 불을 피워 바닷길을 안내하였다. 로마에서는 혜롯 왕가의 이토록 대단한 정성을 받아 들였고, 이 지역을 로마의 영토에 편입하였다. 그래서 '가이사랴 빌립보' 라는 도시 명칭이 생겨난 것 같다. 로마의 이스라엘 총독부가 설치되었고, 총독은 이곳에서 업무를 수행하였으며, 예루살렘으로 행차하는 마차길도 수축하였다. 이곳에서는 (아마도 이곳에 거주하는) 유대인에게 직접 세금을 부과징수하였다고 한다.

　　가이샤라 빌립보는, 분봉왕 빌립보가 로마총독과 주둔군을 위하여 성채를 쌓고 해변에 휴양지와 전차경기장을 조성한 곳이다. 가까운 판(Pan)신전에는 커다란 동굴이 있어 신성시하고 바깥지역에는 신화 속의 제신(諸神), 신격화된 로마지배자를 기리는 신단(神壇, temple)이 있다.　판신의 석굴(grotto), 님프들의 석굴, 제우스 신단, 이 조성되어 있었다. 각 처소의 설명판을 세워 놓았다. 다신교이자 이단적인 지역이었다.

사해에서의 수영- 칼리아 비치 (Kalia beach)

1월 오후에 바다에 들어 갈 수 있겠느냐 의아했지만, 수온이 겨울에는 섭씨 20도, 여름에는 섭씨 50 도에 이르러, 우리도 물에는 들어 갈 수 있었다. 사해 북쪽의 해변 휴양지인 Kalia beach 에 들렀다. 해변에 여러 시설이 갖추어져 있었다. 탈의실, 샤워장, 커피점, 기념품점, 해변의자들, 수영을 하지 못해도 몸이 둥둥 뜬다는 데에 대한 강한 호기심이 잠재해 있어서 일행들은 대부분 물위에서 신기하고 즐거운 한 때를 보냈다. 나는 물속으로 몸을 맡기지는 못하고 해변의 여기저기를 걸어 다녔는데, 물속의 갯벌이 한번 빠지면 발목을 빼기 어려울 정도의 접착력이 있어서 십여 미터를 벗어나는데 애를 먹었다.

2. 낙수(落穗)

돌아온 지팡이

나는 1km 이상 걷게 되면 걸음이 불안정해져서 지팡이에 의존하곤 한다. 이번 여행에서 많이 걸어야 할 것으로 예상되어, 여행 가방에 넣어 가지고 갈 수 있는 접이식 등산지팡이를 새로 구했다. 딸이 주문한 한 쌍 지팡이는 불량품인 듯하여 반품하게 하였고, 내가 직접 코오롱 스포츠용품 점에서 가장 좋아 보이는 지팡이를 사서 가져 갔다.

페트라계곡을 레이카트와 함께 걷는데 큰 도움이 되었다. 호텔에 돌아와 방 귀퉁이에 세워 놓았는데, 첵크아웃하는 때에 눈에 띄지 않아 까맣게 잊어 버리고 말았다. 알렌비 국경을 지나고서야 비로소 지팡이를 놓고 온 것을 겨우 깨달았다. 어렵게 산 귀한 것인데, 겨우 한번 사용하고 내 품을 떠나 버린 것이다. 이런 일이 한 두 번이 아니어서 바로 체념하고 잊어버리기로 하였다. 단지 이스라엘지역 안내자인 이범수씨에게, 암만 한희철 씨에게 연락하여 암만의 올리브호텔 408호에 두고 나온 코오롱 지팡이를 찾을 수 있으면, 경비는 내가 부담할 터이니 한국으로 보내 주고, 그것이 여의치 않으면 한희철 씨가 사용하도록 하시라는 부탁 메모

를 전했다. 두어 달 후 암만 여행사 사장 손모 부인(070-7135-6235)
으로부터 호텔에 그대로 놓여 있던 지팡이를 찾았다는 소식을 들
었고, 그 후 한참 지나 암만에서 귀국한 젊은 분으로부터 지팡이
를 가져 왔으며 택배로 사무실로 보내 주겠다는 연락을 받았다.
그는 우리 사무실에 나타나지도 않고, 나에게 선행을 베풀고 있었
다.

　모두에게 감사하고, 우리 해외여행사 '성경투어'의 신실함에 대
하여 깊은 신뢰를 가지게 되었다.

일행들

페트라 입구에서

들꽃교회 교우 10명, 그 외 다른 교회의 세 부부가 개별참여 하였다.

교회에서는, 노환상 담임목사님과 그 누님, 여동생 둘, 김용휘 장로님 내외, 이호섭집사님 내외 분이 참여하고, 필자와 김길수 집사는 배우자를 동반하지 못하였다. 그래서 여행기간 내내 룸메이트가 되었다. 같이 지내는데 필자는 전혀 불편하지 않았는데, 김집사도 그랬는지 모르겠다. 그는 연극영화과 출신으로 심미안을 지니고 있고, 신앙에 관하여 말은 거의 안하나 변함없이 꾸준히 성장해가는 모습이 행동으로 나타나는 성도이다.

내가 잘 걷지 못하고 뒤처지니까 김용휘 장로님이 내가 낙오되지 않도록 늘 뒤를 돌아보아 주셨다. 내가 경사진 길을 오르내리는데 위태해 보이면 노상순 권사가 팔을 곧잘 붙잡아 주었다. 감사드린다. 담임목사님의 여동생들인 노은미, 노상순 권사는 오빠의 목회와 사역을 돕는 필생의 동역자들이다.

부산에서 오신 박학철 님은 교육자로서 퇴직한 분으로 수태고지 교회 부근 작은 가게에서 포도주 두 병을 사 주었는데, 담임목사님이 그 포도주를 올해 부활주일 성찬식에 사용하시겠다 하였다. 실제로 사용한 것으로 안다. 합류한 분들은 자녀들이 권장하고, 또는, 도와주어서라든지 각자 좋은 계기가 있어서 여행길에 오르신 것 같고, 유혁 내외는, 내외분의 소망과 의지로 새로운 전환점을 찾아 단정한 마음으로 참여한 것 같았다. 서로 많은 대화를 하지는 못하였으나 많이 친밀하여졌다. 다시 만날 기약도 하지 않고 헤어졌지만 어디서든 주안에서 평안하시기를 빈다.

이스라엘, 스타트업 네이션

서적 구입 - 벤구리온 공항에서 현대 이스라엘의 역동적인 발전을 그린 『START-UP NATION』(The Story of Israel's Economic Miracle , Dan Senor & Saul Singer 지음) 이라는 책을 구입하였다.

이 책은 이스라엘이라는 작은 나라가 어떻게 경이로운 기업정신을 구현하고 있는가에 관한 책이다. 이 책 표지의 발문에는, 건국한지 60년 밖에 안되는 인구 710만명의 나라, 적국들에 둘러싸여 끊임없이 전쟁상태에 놓여 있고, 자원이랄 것도 없는 나라가, 그보다 더 크고, 평화롭고, 안정된 나라들, 예컨대, 일본, 인도, 한국, 캐나다, 영국 등보다 더 많은 창업회사를 어떻게 만들어 나가고 있느냐를 저자들이 그려냈다고 한다.

책의 어디를 펼쳐도 우리를 깜짝 놀라게 하는 이스라엘의 발전

적 성취적인 전개방식을 엿볼 수 있다. 얼마 전 이스라엘 대통령
이 우리나라를 방문하였는데 앞으로 이스라엘과 끈끈한 유대관계
를 맺어 신앙적인 뿌리가 견고하여졌으면 좋겠다.

『BEAUTIFUL PLANTS OF THE BIBLE』

- from the Hyssop to the Mighty Cedar Trees

By Dr, David Darom

가이사랴 빌립보의 판 신전 공원 매점에 이 책이 보이길래 무조
건하고 샀다. 그 지역의 농산물 - 밀, 보리, 포도, 무화과, 올리브,
야자- 도 소개하고, 80여종의 식물들을 천연색 도판으로 소개하고
있다. 그러나, 1월에 피어난 노란 겨자꽃은 찾지 못하였다.

이스라엘 사람들의 삶

지방 주민들은 직장에서 오후 4시반이면 퇴근한다고 한다. 자녀
들은 고등학교 학생 때까지 집에서 저녁식사를 같이 한다. 가정에
서 밥상머리 교육이 지속되고 있다. 매주 금요일 안식일이 되면 일
곱 촛대에 불을 밝힌다. 등불은 아내가 켠다. 가장은 성경을 읽고,
기도하는 것을 주관하며, 포도주와 빵을 함께 나눈다. 이 모습은 자

녀 넷, 손자녀 아홉을 둔 현지 할아버지로부터 들은 내용이다.

지방에서는, 음식점을 찾아보기 어렵다. 짐작건대, 외식을 하는 일이 드물기 때문인 것 같다. 우리가 갈릴리 호수 주변의 같은 식당을 두 번 이용하였는데, 안식일에는 영업을 하지 않지만, 우리와 같은 특별한 순례객들을 위하여 음식을 약간 준비한다고 하였다. 우리가 묵은 호텔의 안식일 음식은 특별한 성찬이어서 가족 단위로 이용하는 것 같다. 남녀노소 특히 남자들은 정장을 하고 함께 와서 식사를 하는데 매우 즐거워 보였다.

상가가 크게 번성하는 것 같지도 않았고, 24시간 편의점을 찾기 어려웠다. 지역단위의 자급자족 체계가 형성되고 있는 것 같았다. 이스라엘국은 늘 전시상태이고, 남녀 불문하고 20세가 되면 2년간 군복무를 하여야 하는 긴장상태에서 살고 있어서 함부로 늘어지는 행태를 보이기 어렵지만, 그 상태에서 견지할 수 있는 인간다운 삶을 추구하기 위하여 매우 절제되고 근면하고 충성된 생활들을 하고 있었다.

이스라엘 사람들은 고대로부터 정결예법을 잘 준수하여 유아사망률이 낮았다고 한다. 갈릴리 수변 식당에는 입장하기 전 손을 씻는 시설이 되어 있었다.

이스라엘의 치안은 내막적으로는 초긴장 상태이지만 이스라엘 정부와 군이 강력하게 외관상의 질서를 유지하여 나가는 것 같다. 20대 초반의 남녀가 모두 의무 복무를 하고 검문할 때에는 앳된 얼굴의 처녀 병사가 버스에 올라 온다. 예루살렘 성 안에도 팔레스타인 지역 자치경찰이 근무하고 있다. 항상 경계심을 늦추어서는 안된다. 아랍지역에 서방의 관광버스가 멈추어 있으면 아랍 소년의 돌팔매를 맞을 수 있다면서 우리를 겟세마네 동산 쪽에 내려주고 주차대기는 딴 곳에 하기도 하였다.

유대인들의 전통과 신앙은 현실사회와 국가에서 어떻게 발현되고 있을까. 그리스도인인 우리 눈으로 볼 때에는 유대인들은 예수님에 대하여 무심해 보이기조차 하다. 그들은 예수님을 선지자 중의 한 분으로 인정을 하고, 이스라엘 지역 내의 그리스도인들의 순례, 예배, 시설들과는 공존하고 있다. 그들은 여호와 하나님을 유일하신 하나님으로 모시고 있으므로 그들의 삶의 양식이 주체적이고 독자적이다. 이스라엘의 지명, 상가 등에 영문표기가 거의 없거나 조그맣게 기재되어 있다. 우리나라가 우리 언어를 빼앗겼다 할 정도로 미국화 되어 있는데 이스라엘은 미국과의 유대가 우리와 비교도 할 수 없을 정도로 결착되어 있지만 그들의 실생활은 전혀 미국적이지 않다.

필자는 이스라엘에서 보유하고 있다는 핵무기가 미국의 배려로 주어진 줄 알았다. 그런데 그들의 설명이 달랐다. 그들은 핵과학자들을 유럽으로 보내어 핵기술을 익힌 후 이스라엘에서 국토를 파괴하는 핵실험을 거치지 아니하고 단지 simulation 만으로 핵보유국가가 될 수 있었다는 것이다.

그들은 적대적인 아랍국가들에 둘러 싸여 있고, 그들은 언제 또 강성해진 아랍국가들에 의하여 정복당할지 모르는데, 현재는 자주국방의 태세로 국민총화를 이룩하고 있는 것이다.

여행지에서 맞이한 생일

페트라에 다녀 온 날은 나의 생일이라 일행들이 생일케이크를 준비하였는데, 나는 급작스러운 저혈당 증세가 와서 방으로 급히 들어 와 쉴 수밖에 없었다. 일행들은 방으로까지 케이크를 가지고 와서 생일 축하 노래도 불러 주고 기도도 하여주셨다. 감사하기 그지 없는데, 나의 몸이 혼곤하여 즐거운 이야기조차 나누지 못하였다.

Ⅵ. 글을 마치며

나는 출발하기 열흘 전 쯤부터 오랜 기침증세 때문인지 감기 때문인지 몰라도 기침이 무척 심하여졌다. 아내의 조언에 따라 주치의 (강남세브란스 호흡기내과 변민광 교수)에게 검진을 받았는데, 기왕의 기침증상으로 보는 듯 하였고 기왕에 복용하여 오던 약에 일주일치 항생제를 추가하여 처방하여 주었다. 기침이 도지면 몸도 언어도 힘들어지므로 무척 긴장을 하였다.

그런데, 요르단, 이스라엘 지역의 공기가 서울 공기보다 좋아서였는지 항생제 때문이었는지 여행기간 내내 감기증상은 더 심하여지지는 않았고 오히려 나았다는 느낌이 들었다. 교회신도들이, 목사님이, 어머님이 계속 기도하여 주셔서 하나님, 예수님께서 보살펴 주신 것이라 믿는다.

오늘 17일(2019년 1월) 집에서 쉬어야 될 것 같았는데, 탐방기 초안이라도 잡아서 지인들에게 드려야 할 것 같아 출근을 하여 조금씩 타이핑하였다. 내일 모레까지 시간을 내면 주일에는 최명환 교수 (집사님) 등 신도들에게 드릴 수 있을 것 같았다. 지인들에게 이메일로도 보낼 수 있고.

나는 요즈음, 아니 오래 전부터, 재정상태가 매우 어려웠다. 이번 여행도 이미 교회를 통하여 기본적인 경비는 적립하였으니, 최소한도의 비용으로 다녀 오리라 마음 먹었다. 터덜터덜 광야를 다녀오는 심정으로 오고 갈 생각을 하였다. 그래도, 예전에 비하면 너무나 어려웠고, 가용자금 100만원 정도만 있으면 빈궁한 티는 벗어나 최소한도의 예의나 품격을 지킬 수 있을 터인데 하는 아쉬움이 없지 않았었다.

그런데, 여행을 떠나는 것을 알고 여기저기서 도와 주셨다, 어머님과 누님이 도와 주셨고, 지인 강인근 님이 큰 도움을 주셨고, 최명환 집사님이 도와 주셨다. 그래서 8-9백불 정도를 수중에 가지고 갈 수 있었다.

그로써, 요르단 현지 가이드와 운전자, 이스라엘 해설사, 가난한 이들을 위한 성전 모금함 등에 마음을 따라 성금을 드릴 수 있었고, 이스라엘에서 그곳 특산물이라 하는 대추야자, 무화과, 벌꿀을 약간 살 수 있었다. 여행준비물을 말없이 다 갖추어준 딸들을 위하여 말래카 석(石)으로 만든 조그만 귀걸이(한 쌍에 30불)도 구할 수 있었다. 아내를 위하여서는 끝내 적당한 것을 발견하지 못하였다, 여행기를 작성하기 위하여 필요한 카탈로그, 책자 (페트라안내서, 모자이크지도 해설서, start-up nation 등)을 구입할 수 있었고, 현지 모자를 구입하는 취미를 이어 갈 수 있었다(페트라 모자, 오병이어 모자, 사해 모자, 이중에서 오병이어 모자가 제일 마음에 든다. 그러나 이 모자는 조카 승기에게 기증하였다).

올 한 해는 요르단 이스라엘 여행을 다녀 오면서 시작되었고 이 제 그 여행기를 마무리하면서 끝나가고 있다. 이 여행은 나를 근 본에서부터 변화시켜 가고 있음을 느낀다. 밖으로 뚜렷하게 눈에 보이는 것은 없으나 여호와 하나님을 우러르는 경건함, 예수님의 신성과 인성에 대한 인식, 항상 예수님을 따라야 하겠다는 마음이 달라지고 있다. 성경을 읽는 것, 신앙서적을 읽는 것도 달라졌다.

'예수님이 성전 맞은 편 올리브산에 앉아 계실 때' (Later, as he was sitting on Mount Olive in full view of the temple)(막 13:3) 라 는 귀절을 읽으면 겟세마네 동산에서 예루살렘 성 전경을 바라 보는 듯하고, **'예수님께서는 그곳을 떠나 유대지방으로 가셨습니다'** (From there he went to the area of Judea across the Jordan) (**막 10:1 전단**) 을 읽으면 예수님이 가버나움 요르단 지역으로부터 사마리아를 넘어 먼데 유대까지 가셨음을 깨닫게 된다. 성경 한 귀절 한 귀절의 시간성과 공간성과 의미가 충실하여지고 있다. 신 앙생활의 온전함과 충만함의 새로운 지표가 연약해진 몸과 마음 에 떠오르게 되었다.

나는 가끔 광야 또는 황야를 천천히 반듯하게 한자로 曠野 또는 荒野로 써 보기도 한다, 요르단 이스라엘 지역의 광야는 그곳을 건너 가거나 그곳에 머무르려면 생존과 영혼의 시련을 견뎌 나가야 하지만 광야의 끝과 속에는 뜻밖의 선물이 내재해 있는 것도 같다. 우리 한국의 현대사를 '살아내는' 것도 광야의 한 가운데이거나 끝자락에서 사는 것과 같다는 생각이 들지 않는 것이 아니다. 광야에서의 견인불발의 정신을 유지하고 창발성을 발휘하는 것이 믿음 안에서 이 나라를 '살아내는'데 큰 도움이 될 것이다. 한국 뿐만은 아닐 것이다. 현대 선진 문명사회에서는 광야를 멀리하고 대도시로 밀집되어 도리어 인격성을 상실해 가면서 광야보다 더 척박하고 험난한 길을 가고 있는지 모르겠다. 선물은 없거나 받지 못하여도 좋다. 광야에서도 굳건하게 살아가려는 의식을 갖고 있다는 자체가 '하나님의 선물'로서의 삶의 시작이다.